KB184725

내 인생 첫 번째 독일어

내첫독

50패턴 독일어회화

내 인생 첫 번째 독일어

50패턴 독일어회화

초판 1쇄 인쇄 2025년 1월 6일
초판 1쇄 발행 2025년 2월 6일

지은이 이로사
발행인 임충배
홍보/마케팅 양경자
편집 김인숙, 왕혜영
디자인 이경자, 김혜원
펴낸곳 도서출판 삼육오(Pub.365)
제작 (주)피앤엠123

출판신고 2014년 4월 3일
등록번호 제406-2014-000035호

경기도 파주시 산남로 183-25
TEL 031-946-3196 / FAX 050-4244-9979
홈페이지 www.pub365.co.kr

ISBN 979-11-92431-12-3 13750

내 인생 첫 번째 독일어

내첫독

저자 이로사

50패턴 독일어회화

PUB 3육오

머리말

안녕하세요, 여러분!

이 책을 여러분 손에 전할 수 있게 되어 정말 기쁩니다. 독일어라는 새로운 언어의 세계에 첫발을 내딛는 여러분을 진심으로 환영합니다! 아마도 "Warum habe ich Deutsch gelernt?"(내가 독일어를 왜 배웠지?) 라는 생각이 드는 순간이 있을 수도 있지만, 걱정 마세요. 이 책이 여러분의 든든한 친구가 되어 줄 거예요.

이 책은 독일어를 처음 접하는 여러분을 위해 **실생활에서 바로 써먹을 수 있는 회화와 문법을 쉽고 재미있게, 하지만 매우 상세하게 풀어냈습니다**. 독일어가 어렵게 느껴질 때마다, 제가 여러분 곁에서 속삭이고 있다고 상상해 보세요. "할 수 있어요! 지금 이 문장도 독일어로 읽고 있잖아요!"

언어를 배우는 건 마치 새로운 세상으로 여행을 떠나는 것과 같아요. 단어와 문장을 외우는 데 그치지 않고, 그 언어를 사용하는 사람들의 유머와 사고방식을 이해하는 것이죠. 이 책은 여러분이 독일어를 자연스럽게 익히고, 독일 사람들과 "Brezel und Bier"에 대해 웃으며 이야기할 수 있는 날을 꿈꾸며 썼습니다.

독일어 여정이 때론 구불구불한 길처럼 느껴질 수도 있지만, 여러분은 혼자가 아니에요. 저와 이 책이 여러분의 여정에 함께할 테니까요. 어려운 문법에 머리를 쥐어뜯고 싶을 때마다, 잠시 웃으며 다시 시작할 수 있는 힘을 얻기를 바랍니다.

이제, 한 걸음씩 천천히, 그러나 확실하게 나아가 봅시다. 여러분의 독일어 모험이 신나는 여정이 되기를 바라며, 그 길 위에서 웃음과 성취감을 가득 안고 돌아올 수 있기를 바랍니다.

Auf geht's! (자, 시작해 볼까요?)
Liebe Grüße (사랑의 인사를 담아서)

저자 이로사

이 책의 특징

1. 50개 회화 패턴으로 왕초보 독일어 완성

일상생활에 필요한 50가지의 회화 패턴으로 왕초보도 간단한 대화를 할 수 있습니다.

2. 독일어 기초 저자 직강 동영상 무료 제공

저자 이로사 선생님이 직접 강의한 자음과 모음의 발음, 그리고 발음과 강세의 규칙에 관한 동영상 강의를 무료로 제공해 드립니다. (책 본문 INTRO QR코드)

3. 독일어 말하기 MP3 무료 제공

무료로 제공되는 MP3를 들으며 독일어 회화 패턴 훈련을 언제 어디서나 할 수 있습니다.

4. 회화의 기본은 단어! 단어 노트 무료 제공

각 챕터에서 주요 단어를 정리하여, 별도의 단어 노트로 제공합니다.

* 단어 노트 무료 제공 / www.pub365.co.kr 홈페이지

학습방법

50개의 핵심 패턴을 익히고 그를 통해 어휘를 집중적으로 학습할 수 있도록 구성되어 있습니다.

INTRO
기초

01 독일어 알파벳(Deutsches Alphabet)

A	a	아	N	n	엔
B	b	베	O	o	오
C	c	체	P	p	페
D	d	데	Q	q	쿠
E	e	에	R	r	에르
F	f	에프	S	s	에스
G	g	게	T	t	테
H	h	하	U	u	우
I	i	이	V	v	파우
J	j	요트	W	w	베
K	k	카	X	x	잌스
L	l	엘	Y	y	윕실론
M	m	엠	Z	z	체트

STEP 1

본격적으로 독일어를 배우기 전에 기본적인 발음을 학습하고 발음과 강세 규칙을 통해 기초적인 지식을 쌓을 수 있습니다.

▶ 기초 동영상 강의 무료 제공 (QR코드)

01 안녕하세요! 나는 Sara예요.

기본 학습

독일어 인사말에 대해 알아봅시다.

만났을 때

- Guten Morgen! [구텐 모어겐] 아침 인사
- Guten Tag! [구텐 탁] 낮 인사
- Guten Abend! [구텐 아벤트] 저녁 인사
- Hallo! [할로] 시간 상관없는 비격식체 인사

STEP 2

기본 학습에서는 학습 포인트를 확인합니다. 어떤 점에 중점을 두어 공부해야 하는지 미리 살펴보고 다음 코너로 이동하세요.

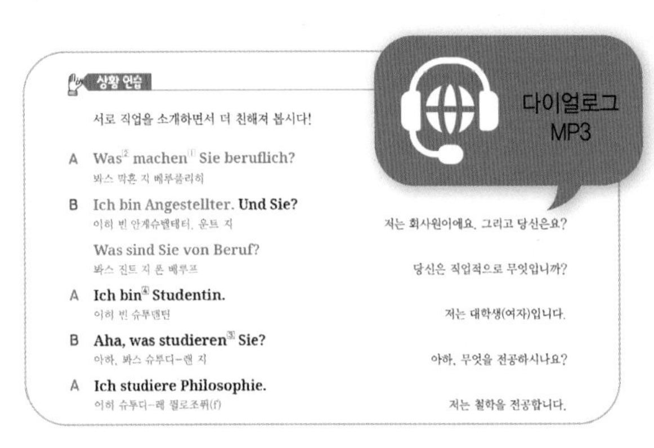

상황 연습

서로 직업을 소개하면서 더 친해져 봅시다!

A Was② machen① Sie beruflich?
봐스 막흔 지 베루플리히

B Ich bin Angestellter. Und Sie? 저는 회사원이에요. 그리고 당신은요?
이히 빈 안게슈텔터, 운트 지

Was sind Sie von Beruf? 당신은 직업적으로 무엇입니까?
봐스 진트 지 폰 베루프

A Ich bin④ Studentin. 저는 대학생(여자)입니다.
이히 빈 슈투덴틴

B Aha, was studieren③ Sie? 아하, 무엇을 전공하시나요?
아하, 봐스 슈투디-렌 지

A Ich studiere Philosophie. 저는 철학을 전공합니다.
이히 슈투디-레 필로조퓌(f)

STEP 3

학습할 패턴이 어떤 대화의 상황에서 주로 활용이 되는지 확인합니다. 핵심 패턴은 빨간색으로 표시되어 있어요. MP3로 대화를 들어보면서 패턴 문장이 어떤 뜻으로 쓰이는지 확인해주세요.

학습 더하기!

1 machen동사는 "하다, 만들다" 뜻이 있습니다.
2 Was(무엇) 의문사로 사람에게 정체를 물어보면 직업을 묻는 표현이 됩니다.
3 studieren은 "전공하다, 대학교에 다니다"라는 뜻입니다.
4 sein동사를 써서 Ich bin 직업명 von Beruf.라고 하면 자신의 직업을 나타내는 표현이 됩니다.

- 모든 동사의 원형은 n/en으로 끝납니다. 그 부분을 동사의 어미라고 합니다. 그 부분의 앞부분이 동사의 어간입니다. 독일어 동사는 이 어간을 가지고 인칭별로 어미를 변화시킵니다. 동사의 현재 인칭 변화는 다음과 같습니다.

ich 나는	어간 + e	wir 우리는	어간 + en
du 너는	어간 + st	ihr 너희들은	어간 + t
er 그는 sie 그녀는	어간 + t	sie 그들은 Sie 당신은	어간 + en

STEP 4

간단한 문법부터 어휘, 표현까지 대화 상황을 이해하는데 필요한 학습팁을 제공합니다. 유용한 학습팁을 확인해 주세요.

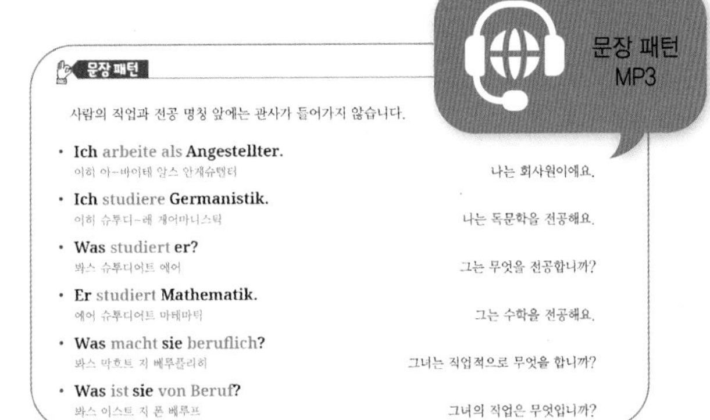
문장 패턴

사람의 직업과 전공 명칭 앞에는 관사가 들어가지 않습니다.

- **Ich** arbeite als **Angestellter.** 이히 아-바이테 알스 안게슈텔터 — 나는 회사원이에요.
- **Ich** studiere **Germanistik.** 이히 슈투디-레 게어마니스틱 — 나는 독문학을 전공해요.
- **Was** studiert **er?** 봐스 슈투디어트 에어 — 그는 무엇을 전공합니까?
- **Er** studiert **Mathematik.** 에어 슈투디어트 마테마틱 — 그는 수학을 전공해요.
- **Was macht sie** beruflich? 봐스 막흐트 지 베루플리히 — 그녀는 직업적으로 무엇을 합니까?
- **Was ist sie** von Beruf? 봐스 이스트 지 폰 베루프 — 그녀의 직업은 무엇입니까?

STEP 5

패턴이 어떻게 활용되는지 다양한 문장으로 확인합니다. MP3로 들어보면서 문장이 어떻게 발음되는지도 확인해주세요. 그리고 책에서 제시되는 문장 외에도 다양한 문장으로 만들어보세요.

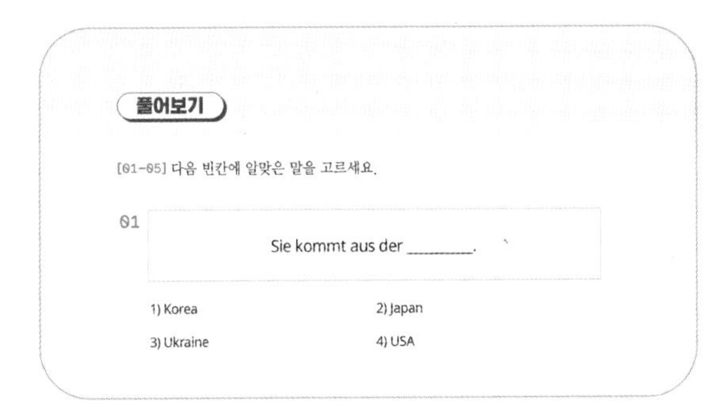
풀어보기

[01-05] 다음 빈칸에 알맞은 말을 고르세요.

01 Sie kommt aus der ________.

1) Korea　2) Japan
3) Ukraine　4) USA

STEP 6

내가 잘 학습했는지 점검도 해보면 좋겠죠? 학습한 패턴을 점검하는 간단한 문제를 통해 복습도 꼼꼼하게 해주세요.

STEP 7

마지막으로 복습을 해볼까요? MP3와 단어노트로 자주 복습하며, 내 인생 첫 번째 독일어를 정복해보세요!

MP3

단어노트

목차

INTRO 기초

01 장 친구 사귀기

02 장 소비 생활

03 장 독일 한달 살기

04 장 독일 관광

05 장 문화 생활

INTRO
기초

01 독일어 알파벳(Deutsches Alphabet)

A	a	아	N	n	엔
B	b	베	O	o	오
C	c	체	P	p	페
D	d	데	Q	q	쿠
E	e	에	R	r	에르
F	f	에프	S	s	에스
G	g	게	T	t	테
H	h	하	U	u	우
I	i	이	V	v	파우
J	j	욧트	W	w	붸
K	k	카	X	x	익스
L	l	엘	Y	y	윕실런
M	m	엠	Z	z	체트

* 이것 외에도 독일어에는 특수 문자가 있다.
  Ä[아-움라우트], Ö[오-움라우트], Ü[우-움라우트], ß[에스체트]

Ä ä : 입 모양을 [아]로 하고 [애] 소리를 낸다. 입을 크게 벌린 [애] 발음이다.

단어	발음	뜻
Männer	[매너]	남자들
Käse	[캐-제]	치즈

Ö ö : 입 모양을 [오]로 하고 [외] 소리를 낸다. 이 때 입 모양은 [오]로 고정한다. 그러면 입 속에서 혀가 살짝 움직일 것이다. 다소 막힌 듯한 [외] 발음이다.

단어	발음	뜻
Öl	[외-ㄹ]	기름
schön	[쇼-왼]	아름다운

Ü ü : 입 모양을 [우]로 하고 [위] 소리를 낸다. 이 때 입 모양은 [우]로 고정한다. 그러면 입 속에서 혀가 살짝 움직일 것이다. 다소 막힌 듯한 [위] 발음이다.

단어	발음	뜻
Tür	[튀-어]	문(door)
Übung	[위-붕]	연습

ß (에스체트): [s] 발음

단어	발음	뜻
Fuß	[Fㅜ-스]	발(신체 부위)
groß	[그로-스]	큰, 커다란

02 독일어 발음규칙

• 장음(長音)

01. 강세가 있는 모음+단자음(자음이 하나인 경우)

단어	발음	뜻
Tag	[타-ㅋ]	하루, 날
gut	[구-ㅌ]	좋은

02. 강세가 있는 모음 뒤에 묵음의 h가 오는 경우

단어	발음	뜻
Sohn	[조-온]	아들
Uhr	[우-어]	시계

03. 복모음 ie에 강세가 있을 때

단어	발음	뜻
Bier	[비-어]	맥주
studieren	[슈투디-렌]	전공하다

04. 이중모음 aa, ee, oo

단어	발음	뜻
Boot	[보-ㅌ]	보트
Staat	[슈타-ㅌ]	국가
Tee	[테-]	차(마시는)
Kaffee	[카페-]	커피

05. 예외 장음

모음 다음에 자음이 2개 이상 오면 그 모음은 원칙상 단음이다. 하지만 어원 등의 이유로 예외적으로 모음이 길게 발음되는 경우가 있다. 이는 잘 외워 두도록 한다.

단어	발음	뜻
Arzt	[아-츠트]	의사
werden	[v ㅔ-어덴]	되다
erst	[에-어스트]	처음으로
hoch	[호-흐]	높은
Mond	[몬-트]	달
suchen	[주-흔]	찾다
Erdgeschoss	[에-어트게쇼스]	지층
Sprache	[슈프라-헤]	언어
Mädchen	[매-ㅌ헨]	소녀
Österreich	[외-스터라이히]	오스트리아
Obst	[오-ㅍ스트]	과일
Ostern	[오-스턴]	부활절
Geburtstag	[게부-어츠탁]	생일
Urlaub	[우-얼라우프]	휴가
Buch	[부-흐]	책
Kuchen	[쿠-흔]	케이크
Brötchen	[브뢰-ㅌ헨]	작은 빵

- **모음의 발음**

01. 장모음 e는 [e:]로, 단모음 e는 [ɛ]로 발음된다.

발음 기호	예시 단어 (발음)	뜻
[e:]	Tee [테-]	(마시는)차
	gehen [게-엔]	가다
	sehen [제-엔]	보다
[ɛ]	kennen [케넨]	알다
	rennen [레넨]	달리다
	Bett [벹]	침대

02. 어미에 사용되는 e는 [ə]로 발음되나, e[에]로 발음 해도 소통엔 크게 문제가 없다. 발음은 [어/에/으] 사이의 발음이다. 원칙적으로 schwa(약모음)이기 때문에 살짝 흐려 발음한다.

발음 기호	예시 단어 (발음)	뜻
[ə]	Name [나-므/나-메]	이름
	bitte [비트/비테/비터]	부디, 주세요

03. 복모음 ie는 장모음으로서 [i:]로 발음된다. 단 ie 앞의 음절에 강세가 있을 경우에는 [iə][이어/이에]로 발음된다.

발음 기호	예시 단어 (발음)	뜻
[i:]	Liebe [리-베]	사랑
	Lied [리-ㅌ]	노래
[iə]	Familie [fㅏ밀-리에]	가족
	Asien [아-지엔]	아시아
	Ferien [fㅔ-리엔]	휴가, 방학
	Italien [이타-ㄹ리엔]	이탈리아
	Medien [메-디엔]	미디어
	Spanien [슈파-니엔]	스페인

04. 복모음 ai, ay, ei, ey은 [ai]로 발음된다.

발음 기호	예시 단어 (발음)	뜻
[ai]	Mai [마이]	5월
	Thailand [타일란ㅌ]	태국
	Arbeit [아-바이ㅌ]	일, 노동
	Teil [타일]	부분

05. 복모음 eu와 äu는 발음이 같으며 [ɔy]로 발음된다

발음 기호	예시 단어 (발음)	뜻
[ɔy]	Bäume [보이메]	나무들
	euch [오이히]	너희들에게/너희들을
	Leute [로이테]	사람들
	Freund [f로인트]	친구
	Europa [오이로파]	유럽

06. 복모음 au는 한 템포로 발음되며 [au]로 발음된다.

발음 기호	예시 단어 (발음)	뜻
[au]	Auto [아우토]	자동차
	auch [아우흐]	또한, 역시
	auf [아우f]	~위에
	faul [fㅏ울]	게으른

• 단음(短音)

01. 모음+자음 2개 이상

단어	발음	뜻
schnell	[슈넬]	빠른
Butter	[부터]	버터
Fisch	[f ㅣ 쉬]	물고기
Arbeit	[아-바이ㅌ]	일, 노동

02. 강세가 없는 대부분의 모음

단어	발음	뜻
Idée	[이데-]	아이디어
Koreánisch	[코레아-니쉬]	한국어
Momént	[모멘ㅌ]	순간
bekómmen	[베코멘]	받다

03. 모음+x (자음 x를 마치 복자음처럼 여겨서 앞의 모음이 단음이 된다)

단어	발음	뜻
Taxi	[탁시]	택시
Max	[막스]	사람이름
Text	[텍스트]	글

04. 예외 단음

단어	발음	뜻
man	[만]	사람들
hat	[하ㅌ]	가지고 있다
das	[다스]	이것, 저것
was	[vㅏ스]	무엇
es	[에스]	그것
wer	[vㅔ어]	누구
er	[에어]	그(남자)

• **자음의 발음**

* 독일어 자음 b, d, g는 단어 끝이나 자음 앞에서는 각각 [p] [t] [k] 으로 발음된다. [p] [t] [k]는 무성음이며 [b] [d] [g]로 발음될 때는 유성음이다.

01. 자음 b의 발음: [b] [p]

b로 시작하거나 모음 앞에서는 [b], 자음 앞이나 음절의 끝에서는 [p]

발음 기호	예시 단어 (발음)	뜻
[b]	Baum [바움]	나무
	braun [브라운]	갈색의
	Brot [브로ㅌ]	빵
	Elbe [엘베]	엘베강(독일의 강)
	Fabrik [fㅏ브릭]	공장
[p]	halb [할ㅍ]	반쪽의
	Herbst [헤어ㅍㅅㅌ]	가을
	Obst [오ㅍㅅㅌ]	과일

02. 자음 d의 발음: [d] [t]

d로 시작하거나 모음 앞에서는 [d], 자음 앞이나 음절의 끝에서는 [t]

발음 기호	예시 단어 (발음)	뜻
[d]	du [두]	너
	Daumen [다우멘]	엄지손가락
	drei [드라이]	숫자 3
[t]	Hund [훈ㅌ]	개
	Abend [아벤ㅌ]	저녁
	und [운ㅌ]	그리고
	Tod [토ㅌ]	죽음

03. 자음 g의 발음: [g] [k]

g로 시작하거나 모음 앞에서는 [g], 자음 앞이나 음절의 끝에서는 [k], -ig 로 끝나면 [ç] [히]

발음 기호	예시 단어 (발음)	뜻
[g]	Garten [가-텐]	정원
	gut [구-ㅌ]	좋은
	morgen [모어겐]	내일
[k]	Zug [쭈-ㅋ]	기차
	Tag [타-ㅋ]	날, 낮
	genug [게누-ㅋ]	충분히
[ç]	ledig [레-디히]	미혼의
	König [쾨니히]	왕
	wenig [vㅔ니히]	적은

04. ng는 [ŋ]으로 발음된다.

발음 기호	예시 단어 (발음)	뜻
[ŋ]	lange [랑에]	오랫동안
	Hunger [훙어]	배고픔

05. nk에서 n은 [ŋ]으로 발음된다.

발음 기호	예시 단어 (발음)	뜻
[ŋk]	Dank [당크]	감사함
	Bank [방크]	은행

06. 자음 h의 발음: [h], [묵음]

단어의 시작일 때는 [h], 모음 뒤에 놓일 때, 그 앞에 있는 모음은 장음이고, h는 발음되지 않는다.

발음 기호	예시 단어 (발음)	뜻
[h]	hallo [할로]	안녕
	woher [보헤어]	어디에서부터
묵음	fahren [fㅏ-렌]	타고 가다
	gehen [게-엔]	걸어가다

07. 자음 j의 발음은 영어의 y와 같다.

발음 기호	예시 단어 (발음)	뜻
[j]	ja [야]	네
	Japan [야판]	일본

08. qu는 [qv]로 발음된다. 이 때 u는 모음이 아니며 자음으로 여긴다.

발음 기호	예시 단어 (발음)	뜻
[kv]	bequem [베크v엠]	편안한
	Quadrat [크vㅏ드라ㅌ]	정사각형

09. 자음 s의 발음: [s], [z], [ʃ]

s는 모음 앞에서 [z]로 단어의 끝이나 자음 앞에서 [s], sp 나 st로 시작할 때는 [ʃ]로 발음된다.

발음 기호	예시 단어 (발음)	뜻
[z]	Sofa [조파]	소파
	Sessel [제셀]	안락의자
[s]	Haus [하우스]	집
	Meister [마이스터]	장인
[ʃ]	Sport [슈포-트]	운동
	Student [슈투덴트]	대학생

* 이중자음 ss와 ß는 항상 [s]로 발음된다.

10. 자음 v는 [f] 또는 [v]로 발음된다.

발음 기호	예시 단어 (발음)	뜻
[f]	Vater [fㅏ터]	아빠
	vor [fㅗ어]	앞에
[v]	Vase [vㅏ제]	꽃병
	November [노vㅔㅁ버]	11월

* v가 [f]가 아닌 [v]로 발음되는 경우는 외래어이거나 모음과 모음 사이에 v가 껴 있는 단어들이다.

11. w는 [v]로 발음된다.

발음 기호	예시 단어 (발음)	뜻
[v]	Wand [봔트]	벽
	Wagen [봐겐]	자동차

12. z, ts, ds, tion에서 t 는 [ts]로 발음되며 [ㅉ-ㅊ] 사이의 발음이다.

발음 기호	예시 단어 (발음)	뜻
[ts]	tanzen [탄첸]	춤추다
	Zeit [짜이트]	시간
	abends [아벤츠]	저녁마다
	Station [슈타치온]	역

13. 복자음 ch는 [ç]와 [x], [k], [ʃ]로 발음된다.
ch 앞에 e, I, Umlaut, 자음이 오면 [ç], ch 앞에 a, o, u, au 가 오면 [x], 그리스어 계통의 외래어는 [k], 프랑스어 계통의 외래어는 [ʃ]로 발음된다.

발음 기호	예시 단어 (발음)	뜻
[ç]	ich [이히]	나는
	euch [오이히]	너희들에게, 너희들을
	Milch [밀히]	우유
	echt [에히트]	진짜의
[x]	ach [악흐]	아! (감탄사)
	Bauch [바욱흐]	배 (신체 부위)
	doch [독흐]	아니야!
[k]	Christ [크리스트]	기독교인
	Chor [코어]	합창단
	Charakter [카락터]	성격, 캐릭터
[ʃ]	Chef [셰f]	상사, 사장
	Chance [셩스]	기회

14. 복자음 chs는 [ks]로 발음된다. x와 발음이 같다.

발음 기호	예시 단어 (발음)	뜻
[ks]	sechs [젝스]	숫자 6
	Ochs [옥스]	황소
	wachsen [박센]	자라다
	Fuchs [푹스]	여우

15. 복자음 dt와 tt, th는 [t]로 발음된다.

발음 기호	예시 단어 (발음)	뜻
[t]	Theater [테아터]	극장
	Stadt [슈타ㅌ]	도시
	satt [자ㅌ]	배부른

16. pf는 [pf]로 발음된다. 입을 다물고 있다가 f발음을 해서 순간적으로 윗니 앞니가 돋보이게 된다.

발음 기호	예시 단어 (발음)	뜻
[pf]	Apfel [압펠]	사과
	Kopf [콥f]	머리

17. ph는 [f]로 발음된다.

발음 기호	예시 단어 (발음)	뜻
[f]	Philosophie [F필로조fi]	철학
	Physik [F퓌직]	물리학

18. 복자음 sch의 발음은 [ʃ]이다.

발음 기호	예시 단어 (발음)	뜻
[ʃ]	Tisch [티쉬]	테이블
	Schauspiel [샤우슈필]	연극

19. tsch는 [tʃ]로 발음된다.

발음 기호	예시 단어 (발음)	뜻
[tʃ]	Deutsch [도이취]	독일어
	tschüs [취스]	안녕(헤어지는 인사)

20. 단어 끝에 r가 놓이고, r 앞의 모음이 장모음일 때 r를 마치 모음처럼 발음한다([어]에 가깝게 발음하면 된다).

예시 단어 (발음)	뜻
Bier [비어]	맥주
er [에어]	그(남자)

- 강세규칙

01. 독일어 단어의 대부분(약 70%이상)은 1음절(가장 첫 번째 위치하는 모음)에 강세가 있다.
02. 합성명사는 첫 낱말에 강세가 있다.
03. 합성부사는 뒤 낱말에 강세가 있다.
04. 분리동사의 분리전철과 그 파생어에는 강세가 항상 들어간다.
05. 비분리동사의 비분리전철과 그 파생어에는 강세가 들어가지 않는다.
06. -ie, -tät, -ei, -ik, -ist, -ion, -ent, -al 들은 강세후철로서 강세를 가진다.

01장

친구 사귀기

MP3

안녕하세요! 나는 Sara예요.

기본 학습

독일어 인사말에 대해 알아봅시다.

만났을 때

- **Guten Morgen!** [구텐 모어겐] 아침 인사
- **Guten Tag!** [구텐 탁] 낮 인사
- **Guten Abend!** [구텐 아벤트] 저녁 인사
- **Hallo!** [할로] 시간 상관없는 비격식체 인사

헤어질 때

- **Gute Nacht!** [구테 낙흐트] 잘 자!
- **Tschüs! / Tschüss!** [츄 / 취쓰] 안녕! (장음/단음)
- **Ciao!** [챠오] 안녕!(이탈리아어에서 유래)
- **Auf Wiedersehen!** [아우프 비더제엔] 재회를 기원합니다!
- **Auf Wiederhören!** [아우프 비더회렌] 다시 통화하기를 기원합니다!
- **Bis dann! (Bis bald! / Bis Montag!)** [비스 단 (비스 발트 / 비스 몬탁)] 그때 봐! (곧 봐! / 월요일에 봐!)

*헤어질 때 하는 인사는 모두 전화를 끊을 때도 사용돼요!
단, Auf Wiedersehen은 "재회(보는 것)를 기원한다"는 뜻이므로 전화를 끊을 때 사용하지 않아요!

만남의 기쁨을 표현할 때

- **Freut mich!** [프러이트 미히] 기쁩니다. 반갑습니다.

*직역하자면, "당신을 알게 된 것이 나를(mich) 기쁘게 한다(freut)"는 뜻입니다.
만남의 반가움 뿐만이 아니라, 선물을 받거나 친구가 나를 방문할 때 등 기쁜 일이 있을 때 쓸 수 있어요.

상황 연습

Sara와 Peter가 처음 만나서 인사를 나누는 상황입니다. 서로 이름을 소개하고 있습니다.

A **Hallo, ich bin[1] Sara.**
할로, 이히 빈 자라
안녕하세요! 나는 Sara예요.

B **Hallo, ich heiße[2] Peter.**
할로, 이히 하이쎄 피터
안녕하세요! 나는 Peter예요.

A **Freut mich.**
프러이트 미히
반가워요.

B **Freut mich auch.**
프러이트 미히 아욱흐
나도 반가워요.

학습 더하기!

1 sein동사는 영어의 be동사로서, "나"를 가리키는 인칭대명사인 ich에서는 bin의 형태로 활용됩니다. Ich bin 다음에는 이름, 나이, 국적, 위치 등 정체와 상태를 나타내는 모든 표현이 올 수 있습니다.

2 heißen동사는 "이름이 ~라고 하다(~라고 불리우다)"라는 뜻으로서, ich를 만나면 어간인 heiß에 어미 e가 붙는 형태로 활용됩니다. Ich heiße 다음에는 이름만 올 수 있으며, 보통 첫 만남에서는 이름과 성을 함께 말합니다.

문장 패턴

Ich bin Koreanerin.(나는 한국인이에요.)에서 Koreaner는 한국인 남자, 직업이나 정체를 나타내는 명사는 남성이 대표 형태이며, 남성명사는 in을 붙여주면 여성형이 됩니다.

- **Ich bin Student.**
이히 빈 슈투덴트
나는 대학생이에요.

- **Ich bin Studentin.**
이히 빈 슈투덴틴
나는 여대생이에요.

- **Ich bin Angestellter.**
이히 빈 안게슈텔터
나는 회사원이에요.

- **Ich bin Angestellte.**
  이히 빈 안게슈텔테
  나는 여자회사원이에요. (*예외)
- **Ich bin Mechaniker.**
  이히 빈 메햐니커
  나는 기술자예요.
- **Ich bin Mechanikerin.**
  이히 빈 메햐니커린
  나는 여자 기술자예요.
- **Ich bin hier.**
  이히 빈 히어
  나는 여기에 있어요.
- **Ich bin süß.**
  이히 빈 쥐스
  나는 귀여워.
- **Ich bin 11 Jahre alt.**
  이히 빈 엘프 야레 알트
  나는 11살이에요.
- **Ich heiße Sara Kim.**
  이히 하이쎄 자라 킴
  내 이름은 김사라 예요.

MEMO

풀어보기

[01-02] 다음 빈칸에 알맞은 말을 고르세요.

01

Ich ________ Sara.

1) bin
2) ben
3) ist
4) bist

02

Ich bin ________.

나는 기술자예요.

1) Mechanikerin
2) Angestellte
3) Koreaner
4) Student

03 다음 보기 중 헤어질 때 인사로 알맞은 것을 고르세요.

1) Hallo!
2) Guten Morgen!
3) Gute Nacht!
4) Guten Abend!

해설

01 ① 1인칭 단수 인칭대명사인 ich와 상응하는 sein동사의 올바른 형태는 bin입니다.

02 ① Mechaniker는 기술자라는 뜻의 남성명사이고, in을 붙이면 여성형이 됩니다. 뜻은 똑같이 기술자!

03 ③ "잘 자!"라는 인사는 헤어질 때 씁니다. 만난 시간이 아무리 늦은 밤이라고 할지라도, 만났을 때는 Gute Nacht!라고 하지 않아요. 예컨대 밤 11시에 길에서 지인을 만나면 저녁 인사인 Guten Abend!라고 합니다.

나는 회사원이에요.

기본 학습

직업을 묻고 답하는 표현을 배워봅시다.

묻는 표현

- **Was machen Sie beruflich?** 당신은 직업적으로 무엇을 하십니까?
  [봐스 막흔 지 베루플리히]
- **Als was arbeiten Sie?** 무엇으로서(직업) 일하십니까?
  [알스 봐스 아-바이텐 지]
- **Was sind Sie von Beruf?** 당신의 직업은 무엇입니까?
  [봐스 진트 지 폰 베루프]

*[w]는 영어의 [v]발음으로, [v]/[f]는 영어의 [f]발음으로 합니다.

답하는 표현

- **Ich bin Angestellter.** [이히 빈 안게슈텔터] 나는 (남자)회사원이에요.
- **Ich bin Angestellter.** [이히 빈 안게슈텔테터] 나는 (여자)회사원이에요.
- **Ich arbeite als Angestellter/Angestellte.** 나는 (남/여)회사원으로서 일해요.
  [이히 아-바이테 알스 안게슈텔터/안게슈텔테]
- **Ich arbeite bei Siemens.** 나는 지멘스에서 일해요.
  [이히 아-바이테 바이 지멘스]
- **Ich arbeite in Seoul.** [이히 아-바이테 인 서울] 나는 서울에서 일해요.

*arbeiten als 직업명(주어 성 일치) : ~로서 일하다
arbeiten bei 회사 : ~에서 일히다
arbeiten in 지역, 건물 : ~에서 일하다

서로 직업을 소개하면서 더 친해져 봅시다!

A Was[2] machen[1] Sie beruflich?
봐스 막흔 지 베루플리히 — 당신은 직업적으로 뭘 하십니까?

B Ich bin Angestellter. **Und Sie?**
이히 빈 안게슈텔테터. 운트 지 — 저는 회사원이에요. 그리고 당신은요?

Was sind Sie von Beruf?
봐스 진트 지 폰 베루프 — 당신은 직업적으로 무엇입니까?

A **Ich bin[4] Studentin.**
이히 빈 슈투덴틴 — 저는 대학생(여자)입니다.

B **Aha, was studieren[3] Sie?**
아하, 봐스 슈투디-렌 지 — 아하, 무엇을 전공하시나요?

A **Ich studiere Philosophie.**
이히 슈투디-레 퓔로조퓌(f) — 저는 철학을 전공합니다.

학습 더하기!

1 machen동사는 "하다, 만들다" 뜻이 있습니다.

2 Was(무엇) 의문사로 사람에게 정체를 물어보면 직업을 묻는 표현이 됩니다.

3 studieren은 "전공하다, 대학교에 다니다"라는 뜻입니다.

4 sein동사를 써서 Ich bin 직업명 von Beruf.라고 하면 자신의 직업을 나타내는 표현이 됩니다.

• 모든 동사의 원형은 n/en으로 끝납니다. 그 부분을 동사의 어미라고 합니다. 그 부분의 앞부분이 동사의 어간입니다. 독일어 동사는 이 어간을 가지고 인칭별로 어미를 변화시킵니다. 동사의 현재 인칭 변화는 다음과 같습니다.

ich 나는	어간 + e	wir 우리는	어간 + en
du 너는	어간 + st	ihr 너희들은	어간 + t
er 그는 sie 그녀는	어간 + t	sie 그들은 Sie 당신은	어간 + en

문장 패턴

사람의 직업과 전공 명칭 앞에는 관사가 들어가지 않습니다.

- **Ich arbeite als Angestellter.**
  이히 아-바이테 알스 안게슈텔터
  나는 회사원이에요.
- **Ich studiere Germanistik.**
  이히 슈투디-레 게어마니스틱
  나는 독문학을 전공해요.
- **Was studiert er?**
  봐스 슈투디어트 에어
  그는 무엇을 전공합니까?
- **Er studiert Mathematik.**
  에어 슈투디어트 마테마틱
  그는 수학을 전공해요.
- **Was macht sie beruflich?**
  봐스 막흐트 지 베루플리히
  그녀는 직업적으로 무엇을 합니까?
- **Was ist sie von Beruf?**
  봐스 이스트 지 폰 베루프
  그녀의 직업은 무엇입니까?
- **Er arbeitet in Berlin.**
  에어 아-바이텥 인 베얼린
  그는 베를린에서 일합니다.
- **Was studierst du?**
  봐스 슈투디어스트 두
  너는 무엇을 전공하니?
- **Ich bin Automechaniker.**
  이히 빈 아우토메하니커
  나는 (남자) 자동차 정비공이에요.
- **Sie ist Lehrerin.**
  지 이스트 레-러린
  그녀는 여교사예요.
- **Er ist Polizist.**
  에어 이스트 폴리치스트
  그는 경찰관이에요.
- **Sie ist Studentin.**
  지 이스트 슈투덴틴
  그녀는 여대생이에요.
- **Er ist Bäcker.**
  에어 이스트 배커
  그는 제빵사예요.
- **Sie ist Ärztin.**
  지 이스트 에어츠틴
  그녀는 여의사예요.
- **Sie studiert Geschichte.**
  지 슈투디어트 게쉬히테
  그녀는 역사를 전공해요.

풀어보기

[01-03] 다음 빈칸에 알맞은 말을 고르세요.

01

Ich ________ als Automechaniker.

1) arbeiten
2) arbeite
3) arbeitet
4) arbeitest

02

________ sind Sie von Beruf?

1) Wie
2) Was
3) Wer
4) Wo

03

Er arbeitet ________ Seoul.

1) als
2) von
3) in
4) bei

해설

01 ② Ich 주어에 알맞은 arbeiten동사 어미 변화는 arbeite입니다.

02 ② 직업을 물을 때는 의문사 Was를 씁니다.

03 ③ 지역을 나타낼 때는 in이 맞습니다.

03 나는 한국에 살아요.

기본 학습

국적을 묻고 답하는 표현을 배워봅시다.

묻는 표현

- **Woher kommen Sie?** [보헤어 코멘 지] 당신은 어디에서 왔습니까?
- **Woher kommst du?** [보헤어 콤스트 두] 너는 어디에서 왔니?
- **Wo kommen Sie her?** [보 코멘 지 헤어] 당신은 어디에서 왔습니까?
- **Wo kommst du her?** [보 콤스투 두 헤어] 너는 어디에서 왔니?

*woher : wo(어디) + her(로부터)로 분리하여 써도 됩니다.

답하는 표현

- **Ich komme aus ~** [이히 코메 아우스] 저는 ~에서 왔어요.

무관사 (중성국가)	der (여성국가)	dem (남성국가)	den (복수국가)
Korea [코레아] 한국	Schweiz [슈바이츠] 스위스	Iran [이란] 이란	USA [우에스아] 미국
Deutschland [더이췰란트] 독일	Türkei [튀어카이] 터키	Irak [이라크] 이라크	Niederlanden [니덜란덴] 네덜란드
Japan [야판] 일본	Mongolei [몽골라이] 몽골	Sudan [주단] 수단	
China [히나] 중국	Ukraine [우크라이네] 우크라이나	Jemen [예멘] 예멘	
Frankreich [프랑크라이히] 프랑스		Libanon [리바논] 레바논	
Österreich [외스터라이히] 오스트리아			

*독일어 국가명은 대부분 중성입니다. 하지만 몇 국가들은 성이 있거나 복수명사이고, 따라서 정관사를 붙여 주어야 합니다. 앞으로 공부하면서 더 알게 되겠지만, aus라는 전치사 다음에는 반드시 3격(여격)이 와야 하기 때문에, 여기에서 소개되는 정관사는 각 성의 3격 형태이고 기본 형태(주격:1격) 형태는 아님을 명심 합니다.

강세 확인

*아래 표는 잘 학습해 둡시다. 주황색 글자는 정확한 발음을 위해 강세가 들어가는 부분이에요!

나라	국민(남자)	국민(여자)	언어
Korea	Koreaner [코레아너]	Koreanerin [코레아너린]	Koreanisch [코레아니쉬]
Deutschland	Deutscher [더이춰]	Deutsche [더이췌]	Deutsch [더이취]
Frankreich	Franzose [프란쪼제]	Französin [프란쬐진]	Französisch [프란쬐지쉬]
Österreich	Österreicher [외스터라이혀]	Österreicherin [외스터라이혀린]	Deutsch [더이취]
die Schweiz	Schweizer [슈바이처]	Schweizerin [슈바이처린]	Deutsch [더이취] Französisch [프란쬐지쉬] Italienisch [이탈리에니쉬] Rätoromanisch [래토로마니쉬]
Japan	Japaner [야파너]	Japanerin [야파너린]	Japanisch [야파니쉬]
China	Chinese [히네제]	Chinesin [히네진]	Chinesisch [히네지쉬]
Italien	Italiener [이탈리에너]	Italienerin [이탈리에너린]	Italienisch [이탈리에니쉬]
die USA	Amerikaner [아메리카너]	Amerikanerin [아메리카너린]	Englisch [앵리쉬]
England	Engländer [엥랜더]	Engländerin [앵랜더린]	Englisch [앵리쉬]

상황 연습

국적과 사는 곳을 묻고 소개해 봅시다.

A **Woher kommen Sie?**
보헤어 코멘 지
어디에서 오셨나요?

B **Ich komme aus Korea.**
이히 코메 아우스 코레아
저는 한국에서 왔어요.

Und Sie? Wo kommen Sie her?
운트 지 보 코멘 지 헤어
그리고 당신은요? 어디에서 오셨어요?

A **Aus den USA.**
아우스 덴 우에스아
미국에서요.

B **Wohnen Sie hier in Seoul?**
보넨 지 히어 인 서울
당신은 여기 서울에 사시나요?

A **Nein, ich wohne in Deutschland. In Berlin.**
나인, 이히 보네 인 더이췰란트. 인 베얼린
아니요, 저는 독일에 살아요. 베를린에서요.

Wo wohnen Sie?
보 보넨 지
당신은 어디에 사세요?

B **Ich wohne in Busan.**
이히 보네 인 부산
저는 부산에 살아요.

A **Ach so. Sie sprechen gut Deutsch!**
악흐 소. 지 슈프레헨 궅 더이취
아 그래요. 당신 독일어를 잘 하시네요!

B **Nein, nein. Nur ein bisschen.**
나인, 나인. 누어 아인 비쓰헨
아니에요, 아니에요. 오직 조금만 해요.

학습 더하기!

무관사 (중성국가)	wohnen 살다 거주하다	sprechen 언어를 구사하다(불규칙 동사)
ich 나는	wohne	spreche
du 너는	wohnst	sprichst
er 그는 / sie 그녀는	wohnt	spricht
wir 우리는	wohnen	sprechen
ihr 너희들은	wohnt	sprecht
sie 그들은 / sie 당신은	wohnen	sprechen

문장 패턴

- **Woher kommt ihr?**
  보헤어 콤트 이어
  너희들은 어디에서 왔니?
- **Woher kommt er?**
  보헤어 콤트 에어
  그는 어디에서 왔나요?
- **Woher kommt sie?**
  보헤어 콤트 지
  그녀는 어디에서 왔나요?
- **Woher kommen sie?**
  보헤어 코멘 지
  그들은 어디에서 왔나요?
- **Sie kommen aus dem Iran.**
  지 코멘 아우스 뎀 이란
  그들은 이란 출신이에요.
- **Sie kommt aus der Schweiz.**
  지 콤트 아우스 데어 슈바이츠
  그녀는 스위스 출신이에요.
- **Wir kommen aus den USA.**
  비어 코멘 아우스 덴 우에스아
  우리는 미국에서 왔어요.
- **Er kommt aus Frankreich.**
  에어 콤트 아우스 프랑크라이히
  그는 프랑스에서 왔어요.
- **Er ist Deutscher.**
  에어 이스트 더이춰
  그는 독일인이에요.
- **Sie ist Deutsche.**
  지 이스트 더이췌
  그녀는 독일인이에요.
- **Er ist Koreaner.**
  에어 이스트 코레아너
  그는 한국인이에요.
- **Sie ist Koreanerin.**
  지 이스트 코레아너린
  그녀는 한국인이에요.
- **Er kommt aus Frankreich.**
  에어 콤트 아우스 프랑크라이히
  그는 프랑스에서 왔어요.
- **Ich spreche Deutsch und Englisch.**
  이히 슈프레헤 더이취 운트 앵리쉬
  나는 독일어와 영어를 구사해요.
- **Er spricht gut Chinesisch.**
  에어 슈프리히트 굳 히네지쉬
  그는 중국어를 잘 구사해요.

풀어보기

[01-05] 다음 빈칸에 알맞은 말을 고르세요.

01

Sie kommt aus der ________.

1) Korea
2) Japan
3) Ukraine
4) USA

02

________ kommen Sie?

1) Wo
2) Woher
3) Was
4) Wie

03

Sie kommt aus Deutschland. Sie ist ________.

1) Deutscher
2) Deutscherin
3) Deutschin
4) Deutsche

04

Er kommt aus den ________.

1) Iran
2) USA
3) Niederlande
4) Frankreich

05

Ich ________ in Seoul.

1) komme
2) wohne
3) kommt
4) wohnen

해설

01 ③ aus der 다음에는 여성 국가가 와야 하므로 Ukraine이 맞습니다.

02 ② 출신을 묻는 표현이므로 Woher가 맞아요.

03 ④ 독일 여자는 Deutsche입니다.

04 ② aus den 다음에는 복수 국가가 와야 하므로 USA가 맞습니다. ③ Niederlande는 스펠링을 잘 체크하세요! aus den Niederlanden이 맞습니다.

05 ② 주어가 ich이고 in Seoul은 "서울에서"라는 뜻이기 때문에 "거주하다"라는 동사인 wohne가 맞습니다.

어떻게 지내요?

기본 학습

안부를 묻고 답하는 표현을 배워봅시다.

3격

• Wie geht es + 3격?
[비 겔 에스]
직역하자면, 어떻게(Wie) 진행되고 있어(geht) 그것이(es) ~에게?

"~에게"라는 뜻을 가진 격을 독일어에서는 3격(여격)이라고 부릅니다. 앞서 동사의 어미 변화를 공부했을 때 나온 인칭 대명사들은 1격(주격:주어)의 형태입니다. 각 인칭 별 3격 형태를 알면 안부를 자유롭게 묻고 답할 수 있습니다.

1격 ~는	ich	du	er	sie	es	wir	ihr	sie	Sie
3격 ~에게	mir	dir	ihm	ihr	ihm	uns	euch	ihnen	Ihnen

- **Wie geht es dir?** [비 겔 에스 디어] 너는 어떻게 지내?
- **Wie geht es Ihnen?** [비 겔 에스 이넨] 당신은 어떻게 지내요?
- **Wie geht es ihm?** [비 겔 에스 임] 그는 어떻게 지내?

*geht es를 줄여서 geht's라고도 표현합니다.

안부 인사

- **Ausgezeichnet! / Super! / Prima!** 아주 좋아! 훌륭해!
  [아우스게차이히넬 / 주퍼 / 프리마]
- **Mir geht es sehr gut. Danke.** 아주 잘 지내. 고마워.
  [미어 겔 에스 제어 굳. 당케]
- **Gut, danke.** [굳, 당케] 좋아, 고마워.
- **Na ja, es geht.** [나 야, 에스 겔] 글쎄, 그냥 그래. (좋지도 나쁘지도 않아.)
- **Nicht so gut.** [니히트 조 굳] 그렇게 잘 지내지 못해.

• **Nicht so schlecht.** [니히트 조 슐레히트] 나쁘지 않아.

• **Schlecht.** [슐레히트] 나빠.

*원래 문장은 주어인 Es가 먼저 와서 Es geht mir sehr gut.이라고 할 수 있는데, 독일어는 문장 맨 앞자리에 꼭 주어가 오지 않아도 돼요. 다만, 문장 구성 성분 중 두 번째 자리에 반드시 동사가 위치해야 해요. 이 문장에서는 geht가 동사이므로 이를 제외한 나머지 문장 성분은 자리를 바꿀 수 있습니다.

상황 연습

Sara와 Nina가 이야기를 하는 도중에 Sara의 친구 Peter를 마주쳐서 인사를 나눕니다.

A **Hey, Sara! Lange nicht gesehen!**
헤이, 자라 랑에 니히트 게제엔 야, Sara! 오랜만이야!

B **Hallo, Peter! Wie geht es dir?**
할로, 페터 비 겓 에스 디어 안녕, Peter! 어떻게 지내?

A **Ausgezeichnet! Danke. Und dir?**
아우스게차이히넽 당케, 운트 디어 아주 잘 지내! 고마워. 그리고 너는?

B **Danke, mir geht's prima!**
당케, 미어 겓츠 프리마 고마워, 나 잘 지내!

A **Und wer ist das?**
운트 베어 이스트 다스 그리고 이 분은 누구셔?

B **Das ist Nina Schneider.**
다스 이스트 니나 슈나이더 이 사람은 Nina Schneider씨야.

Frau Schneider, das ist mein Kollege Peter Hahn.
프라우 슈나이더, 다스 이스느 마인 콜레게 페터 한 Schneider씨, 이쪽은 제 동료 Peter Hahn이에요.

A **Freut mich, Frau Schneider!**
프러이트 미히, 프라우 슈나이더 만나서 반갑습니다, Schneider씨!

C **Freut mich auch, Herr Hahn!**
프러이트 미히, 헤어 한 저도 만나서 반가워요, Hahn씨!

학습 더하기!

• lange nicht gesehen 오랜만이다 | wer 누구 | das ist 이것은/이 사람은 | Kollege (남성) 동료

문장 패턴

묻는 표현

- Wie geht es **euch, Lara und Paul?**
  비 겔 에스 오이히, 라라 운트 파울 — 너희들 어떻게 지내니, Lara Paul?
- Wie geht es **Ihnen, Frau Schmidt?**
  비 겔 에스 이넨, 프라우 슈미트 — 어떻게 지내세요 Schmidt 부인?
- Wie geht es **Ihnen, Frau Schmidt und Herr Kim?**
  비 겔 에스 이넨, 프라우 슈미트 운트 헤어 킴 — 어떻게 지내세요, Schmidt 부인과 Kim 선생님?
- Wie geht es **ihm?**
  비 겔 에스 임 — 그는 어떻게 지내요?
- Wie geht es **ihr?**
  비 겔 에스 이어 — 그녀는 어떻게 지내요?

답하는 표현

- **Ausgezeichnet, danke.** Und Ihnen?
  아우스게차이히넬, 당케. 운트 이넨 — 아주 훌륭해요, 고마워요. 그리고 당신은요?
- **Super, danke.** Und dir?
  주퍼, 당케. 운트 디어 — 아주 훌륭해, 고마워. 그리고 너는?
- **Mir geht es gut, danke.** Und dir?
  미어 겔 에스 궅, 당케. 운트 디어 — 나는 잘 지내, 고마워. 그리고 너는?
- **Mir geht es nicht so gut.** Und Ihnen?
  미어 겔 에스 니히트 조 궅. 운트 이넨 — 그렇게 잘 못 지내요, 그리고 당신은요?
- **Es geht mir schlecht.** Und dir?
  에스 겔 미어 슐레히트. 운트 디어 — 나는 못 지내. 그리고 너는?

풀어보기

[01-03] 다음 빈칸에 알맞은 말을 고르세요.

01

Wie geht ________ dir?

1) er
2) es
3) sie
4) ihr

02

Danke, und ________?

1) du
2) er
3) dir
4) sie

03

________ ist Peter, mein Kollege.

1) Es
2) Sie
3) Das
4) Ihm

01 ② 안부를 묻는 표현의 주어는 es입니다.

02 ③ 안부를 되물을 때는 3격으로, dir가 맞습니다.

03 ③ 사람을 소개할 때는 지시대명사 das를 씁니다.

저는 여기에서 일해요.

기본 학습

더 다양한 직업명과 직업의 장소에 대해 공부해 봅시다.

직업

직업명	남자	여자
공무원	Beamter [베암터]	Beamtin [베암틴]
경찰관	Polizist [폴리치스트]	Polizistin [폴리치스틴]
파일럿	Pilot [필롵]	Pilotin [필로틴]
교사	Lehrer [레-러]	Lehrerin [레-러린]
의사	Arzt [아-츠트]	Ärztin [애-아츠틴]
수의사	Tierarzt [티어아-츠트]	Tierärztin [티어애-아츠틴]
간호사	Krankenpfleger [크랑켄플레거]	Krankenschwester [크랑켄슈베스터]
택시 운전사	Taxifahrer [탁시파러]	Taxifahrerin [탁시파러린]
축구선수	Fußballspieler [푸스발슈필러]	Fußballspielerin [푸스발슈필러린]
배우	Schauspieler [샤우슈필러]	Schauspielerin [샤우슈필러린]
댄서	Tänzer [탠처]	Tänzerin [탠처린]
요리사	Koch [코흐]	Köchin [쾨힌]
엔지니어	Ingenieur [인줴뉘어]	Ingenieurin [인줴뉘어린]
미용사	Friseur [프리죄어]	Friseurin [프리죄린]
초, 중, 고등학생	Schüler [쉴러]	Schülerin [쉴러린]
대학생	Student [슈투덴트]	Studentin [슈투덴틴]
변호사	Anwalt [안발트]	Anwältin [안밸틴]
제빵사	Bäcker [배커]	Bäckerin [배커린]
가수	Sänger [쟁어]	Sängerin [쟁어린]
자동차 정비공	Automechaniker [아우토메하니커]	Automechanikerin [아우토메하니커린]
프로그래머	Programmierer [프로그라미-러]	Programmiererin [프로그라미-러린]

언론인	Journalist [죠날리스트]	Journalistin [죠날리스틴]
주부	Hausmann [하우스만]	Hausfrau [하우스프라우]
영업사원	Kaufmann [카우프만]	Kauffrau [카우프프라우]
판매원	Verkäufer [페어코이퍼]	Verkäuferin [페어코이퍼린]
정치인	Politiker [폴리티커]	Politikerin [폴리티커린]
교수	Professor [프로페소어]	Professorin [프로페소어린]
음악가	Musiker [무지커]	Musikerin [무지커린]

*여성 직업은 대부분 남성 직업명에 in을 붙이면 되지만, 그렇지 않은 경우도 꽤 있어요. 혹은 직업명에 Umlaut가 추가되는 경우도 있기 때문에 섬세하게 확인해 둡시다!

장소

- **bei einer Bank** [바이 아이너 방크] 한 은행에서
- **bei der Post** [바이 데어 포스트] 우체국에서
- **bei einer Firma** [바이 아이너 피어마] 한 회사에서
- **in einem Restaurant** [인 아이넴 레스토렁] 한 레스토랑에서
- **in einem Café** [인 아이넴 카페] 한 커피숍에서
- **in einer Bäckerei** [인 아이너 배커라이] 한 빵집에서
- **im Krankenhaus** [임 크랑켄하우스] 병원에서
- **im Kleidergeschäft** [임 클라이더게셰프트] 옷가게에서
- **an einer Schule** [안 아이너 슐레] 한 학교에서
- **an der Universität** [안 데어 우니베아지탵] 대학교에서
- **im Rathaus** [임 라트하우스] 시청에서
- **zu Hause** [쭈 하우제] 집에서

*다양한 전치사들이 혼란스럽죠? 문법 파트에서 전치사 파트를 공부하면 한결 쉬워질 거예요. 우선 숙어처럼 장소를 표현하는 말들을 외워 두면 말할 때 수월할 거예요!

*독음은 한글 표기 한계상 [f]를 [ㅍ]으로, [w]/[v]를 [ㅂ]으로 표기했으나, 정확하게 [f]발음과 [v]발음으로 발음해 주세요!

상황 연습

일하는 곳과 직장에 대해서 더 심도 있게 이야기해 볼까요?

A **Wo arbeiten Sie?**
보 아-바이텐 지
어디에서 일하십니까?

B **Ich arbeite in Seoul, im Rathaus.**
이히 아-바이테 인 서울, 임 라트하우스
저는 서울에서 일해요, 시청에서요.

A **Ach so. Ich arbeite bei einer Bank.**
악흐 조, 이히 아-바이테 바이 아이너 방크
아 그렇군요. 저는 한 은행에서 일해요.

B **Wirklich? Mein Vater arbeitet auch bei einer Bank.**
비어클리히 마인 파터 아-바이텔 아욱흐 바이 아이너 방크
정말요? 나의 아빠도 한 은행에서 일해요.

A **Oh, interessant!**
오, 인터레산트
오, 흥미롭군요!

B **Und meine Mutter arbeitet bei der Post.**
운트 마이네 무터 아-바이텔 바이 대어 포스트
그리고 나의 엄마는 우체국에서 일해요.

A **Meine Mutter ist auch Beamtin.**
마이네 무터 이스트 아욱흐 베암틴
나의 엄마도 또한 공무원이에요.

B **Oh, cool! Als was arbeitet sie?**
오, 쿨 알스 바스 아-바이텔 지
오, 멋져요! 그녀는 직업적으로 무엇으로서 일하나요?

A **Sie ist Lehrerin.**
지 이스트 레-러린
그녀는 교사예요.

학습 더하기!

- mein/meine : 나의 라는 뜻의 소유관사입니다. mein 뒤에는 남성 혹은 중성, meine 뒤에는 여성 혹은 복수 명사가 옵니다.

- **Meine Mutter arbeitet** im Krankenhaus. **Sie ist** Ärztin.
  마이네 무터 아-바이텔 임 크랑켄하우스. 지 이스트 애-아츠틴
  나의 엄마는 병원에서 일해요. 그녀는 여의사예요.
- **Mein Vater arbeitet** an einer Schule. **Er ist** Lehrer.
  마인 파터 아-바이텔 안 아이너 슐레. 에어 이스트 레-러
  나의 아빠는 한 학교에서 일해요. 그는 교사예요.
- **Ich studiere** an der Universität. **Ich bin** Student.
  이히 슈투디-레 안 데어 우니베아지탤. 이히 빈 슈투덴트
  나는 대학교에서 연구해요 (대학교에 다녀요.) 나는 대학생이에요.
- **Mein Bruder ist** Schüler.
  마인 브루더 이스트 쉴러
  나의 남자형제는 학생이에요.
- **Meine Tante arbeitet** in einem Restaurant. **Sie ist** Köchin.
  마이네 탄테 아-바이텔 인 아이넴 레스토렁. 지 이스트 쾨힌
  나의 이모(숙모)는 한 레스토랑에서 일해요. 그녀는 요리사예요.
- **Meine Mutter arbeitet** zu Hause. **Sie ist** Hausfrau.
  마이네 무터 아-바이텔 쭈 하우제. 지 이스트 하우스프라우
  나의 엄마는 집에서 일해요. 그녀는 주부예요.
- **Mein Vater arbeitet** bei einer Firma. **Er ist** Kaufmann.
  마인 파터 아-바이텔 바이 아이너 피어마. 에어 이스트 카우프만
  나의 아빠는 한 회사에서 일해요. 그는 영업사원이에요.

풀어보기

[01-05] 다음 빈칸에 알맞은 말을 고르세요.

01

Ich arbeite ________ Rathaus.

1) bei
2) in
3) im
4) in einem

02

Meine Mutter ________ an einer Schule.

1) arbeiten
2) arbeite
3) arbeitet
4) arbeitest

03

Er ist Professor ________.

1) bei einer Bank
2) in einem Restaurant
3) im Krankenhaus
4) an der Universität

04

Sie ist _________ im Kleidergeschäft.

1) Köchin
2) Verkäuferin
3) Ärztin
4) Anwältin

05

Sie ist _________.

1) Beamterin
2) Beamtin
3) Beamte
4) Beämterin

해설

01 ③ 시청은 하나의 지역적 장소이기 때문에 im이 맞습니다. 또한 국가 기관이기 때문에 부정관사인 einem을 쓰지 않습니다.

02 ③ 나의 엄마는 주어 3인칭 단수이므로 arbeitet가 맞습니다.

03 ④ 대학 교수님은 대학교에 있기 때문에 정답은 an der Universität입니다.

04 ② 그녀는 옷가게에서 판매원이겠지요! Verkäuferin

05 ② 그녀는 공무원이고 여성 공무원의 올바른 형태는 Beamtin입니다.

너는 형제 자매가 있니?

기본 학습

가족 관계에 대해 묻고 답하는 표현을 알아봅시다.

4격

• **haben** + 4격 [하벤] 가지고 있다

*haben동사는 "~을 가지고 있다"라는 뜻으로서 4격(직접목적격)을 받습니다.

단수		복수	
ich 나는	habe [하베]	wir 우리는	haben [하벤]
du 너는	hast [하스트]	ihr 너희들은	habt [합트]
er 그는 / sie 그녀는	hat [핱]	sie 그들은 / Sie 당신은	haben [하벤]

부정관사

*"하나의 ~을" 나타내는 것을 '부정관사'라고 부르는데, 부정관사는 명사의 성과 격 별로 형태가 다릅니다.

	남성 하나를	여성 하나를	중성 하나를	복수명사를
긍정 형태	einen [아이넨]	eine [아이네]	ein [아인]	X
부정 형태	keinen [카이넨]	keine [카이네]	kein [카인]	keine [카이네]

긍정 형태	부정 형태
Ich habe einen Bruder. [이히 하베 아이넨 브루더] 나는 남자형제 하나를 가지고 있다.	Ich habe keinen Bruder. [이히 하베 카이넨 브루더] 나는 남자형제가 없다.
Ich habe eine Schwester. [이히 하베 아이네 슈베스터] 나는 여자형제 하나를 가지고 있다.	Ich habe keine Schwester. [이히 하베 카이네 슈베스터] 나는 여자형제가 없다.
Ich habe ein Kind. [이히 하베 아인 킨트] 나는 아이 하나를 가지고 있다.	Ich habe kein Kind. [이히 하베 카인 킨트] 나는 아이가 없다.

Ich habe Geschwister. [이히 하베 게슈비스터] 나는 형제자매를 가지고 있다.	Ich habe keine Geschwister. [이히 하베 카이네 게슈비스터] 나는 형제자매가 없다.

가족 명칭

단수	복수
der Vater [데어 파터] 아빠	die Eltern [디 엘턴] 부모님
die Mutter [디 무터] 엄마	
der Großvater/Opa(애칭) [데어 그로스파터/오파] 할아버지	die Großeltern [디 그로스엘턴] 조부모님
die Großmutter/Oma(애칭) [디 그로스무터/오마] 할머니	
der Bruder [데어 브루더] 남자형제	die Geschwister [디 게슈비스터] 형제자매
die Schwester [디 슈베스터] 여자형제	
der Sohn [데어 조-온] 아들	die Kinder [디 킨더] 자녀들
die Tochter [디 톡흐터] 딸	
die Tante [디 탄테] 이모/숙모/고모	
der Onkel [데어 옹켈] 삼촌/고모부/이모부	

*정관사의 형태 : 남성 der / 여성 die / 복수 die

상황 연습

사람과 사람이 더욱 친해지면 Sie가 아닌 du를 씁니다. 비슷한 나이 또래이거나 친한 사이, 가족 사이에 쓰는 호칭이에요. du를 쓰자고 제안하고 서로 가족에 대해 묻고 답하면서 더 친해져 보아요!

A Ähm... Duzen wir uns?
앰 두첸 비어운스
음... 우리 말 놓을까?

B Das ist doch cool! Sara.
다스 이스트 독흐 쿨 자라
그거 정말 멋져! Sara야. (나를 앞으로 Sara라고 불러.)

A **Jan.**
얀
(나는) Jan.

B **Du, hast du Geschwister, Jan?**
두, 하스트 두 게슈비스터, 얀
얘, 너는 형제 자매가 있니, Jan?

A **Ja, ich habe einen Bruder und eine Schwester. Und du?**
야, 이히 하베 아이넨 브루더 운트 아이네 슈베스터, 운트 두
응, 나는 한 명의 남자형제와 한 명의 여자형제가 있어. 그리고 너는?

B **Leider habe ich keine Geschwister.**
라이더 하베 이히 카이네 게슈비스터
유감스럽게도 나는 형제자매가 없어.

Ich bin Einzelkind.
이히 빈 아인첼킨트
나는 외동이야.

문장 패턴

- **Haben Sie Geschwister?**
  하벤 지 게슈비스터
  당신은 형제자매가 있나요?
- **Hast du Geschwister?**
  하스트 두 게슈비스터
  너는 형제자매가 있니?
- **Hat er Geschwister?**
  할 에어 게슈비스터
  그는 형제자매가 있나요?
- **Hat sie Geschwister?**
  할 지 게슈비스터
  그녀는 형제자매가 있나요?
- **Haben sie Geschwister?**
  하벤 지 게슈비스터
  그들은 형제자매가 있나요?
- **Haben Sie Kinder?**
  하벤 지 킨더
  당신은 자녀가 있나요?
- **Hast du Kinder?**
  하스트 두 킨더
  너는 자녀가 있니?
- **Hat er Kinder?**
  할 에어 킨더
  그는 자녀가 있나요?

- Hat sie **Kinder?**
  할 지 킨더
  그녀는 자녀가 있나요?
- Haben sie **Kinder?**
  하벤 지 킨더
  그들은 자녀가 있나요?
- Er hat **einen Bruder.**
  에어 핱 아이넨 브루더
  그는 한 명의 남자형제가 있어요.
- Sie hat **eine Schwester.**
  지 핱 아이네 슈베스터
  그녀는 한 명의 여자형제가 있어요.
- Er hat **einen Sohn.**
  에어 핱 아이넨 조-온
  그는 한 명의 아들이 있어요.
- Sie hat **eine Tochter.**
  지 핱 아이네 톡흐터
  그녀는 한 명의 딸이 있어요.
- Wir haben **einen Sohn.**
  비어 하벤 아이넨 조-온
  우리는 한 명의 아들이 있어요.
- Sie haben **eine Tochter.**
  지 하벤 아이네 톡흐터
  그들은 한 명의 딸이 있어요.

풀어보기

[01-05] 다음 빈칸에 알맞은 말을 고르세요.

01

Ich habe ________ Sohn.

1) eine
2) ein
3) einen
4) keine

02

Ich bin Einzelkind. Ich habe ________ Bruder.

1) einen
2) keinen
3) eine
4) kein

03

________ du ein Kind?

1) Hast
2) Hat
3) Habe
4) Haben

04

Ich habe eine _________.

1) Tante

2) Vater

3) Onkel

4) Bruder

05

Ich habe _________ Geschwister.

1) eine

2) einen

3) ein

4) x

해설

01 ② Sohn은 남성명사이므로 남성의 4격 형태인 einen이 정답입니다.

02 ② 나는 외동입니다. 그러면 남자형제가 없겠죠! 부정관사의 명사부정형태 남성 4격 keinen이 정답입니다.

03 ① haben동사가 주어 du에서는 Hast가 와야 합니다.

04 ① eine 뒤에는 여성명사가 와야 하므로 Tante가 정답입니다.

05 ④ Geschwister는 복수명사이므로 아무것도 필요하지 않습니다.

07 저는 살사 댄스를 좋아해요.

기본 학습

취미활동을 묻고 답하는 표현을 공부해 봅시다!

질문

- **Was machst du gern in der Freizeit?**
  [바스 막흐스트 두 게안 인 데어 프라이차이트]
- **Was machen Sie gern in der Freizeit?**
  [바스 막흔 지 게안 인 데어 프라이차이트]

당신은 여가 시간에 무엇을 하는 것을 좋아하나요?

*독일인들이 가장 즐겨 쓰는 부사라고 해도 과언이 아닌 gern은 한국어 뜻으로 "기꺼이, 기쁘게, 즐겨"라는 뜻입니다. "~하는 것을 좋아하다"라는 표현을 할 때 "좋아하다"라는 동사를 직접 쓰지 않고, [활동동사 + gern]의 형태로 표현합니다.

*gern은 gerne로 표기하기도 합니다. 같은 뜻이니 걱정하지 말고 혼용하셔도 됩니다!

취미 표현

- **ins Kino gehen** [인스 키노 게엔] 영화관에 가다
- **ins Theater gehen** [인스 테아터 게엔] 극장에 가다(연극, 뮤지컬)
- **in die Oper gehen** [인 디 오퍼 게엔] 오페라 극장에 가다
- **ins Konzert gehen** [인스 콘체아트 게엔] 콘서트에 가다
- **Ski fahren** [쉬 파렌] 스키를 타다
- **Gitarre spielen** [기타레 슈필렌] 기타를 치다
- **Klavier spielen** [클라비어 슈필렌] 피아노 치다
- **spazieren gehen** [슈파치어렌 게엔] 산책 가다
- **ins Schwimmbad gehen** [인스 슈빔바트 게엔] 수영장에 가다
- **lesen** [레젠] 책을 읽다
- **tanzen** [탄첸] 춤추다
- **singen** [징엔] 노래하다

- **Fahrrad fahren** [파라트 파렌] 자전거 타다
- **Briefe schreiben** [브리페 슈라이벤] 편지를 쓰다
- **Freunde treffen** [프로인데 트레펜] 친구들을 만나다
- **Briefmarken sammeln** [브리프마켄 잠멜른] 우표를 모으다
- **Musik hören** [무직 회렌] 음악을 듣다
- **in die Stadt gehen** [인 디 슈타트 게엔] 시내로 가다
- **fotografieren** [포토그라피-렌] 사진 찍다
- **joggen** [조겐] 조깅하다
- **am Computer spielen** [암 콤퓨터 슈필렌] 컴퓨터로 게임하다
- **im Internet surfen** [임 인터넽 주어펜] 인터넷 서핑하다
- **Fußball spielen** [푸스발 슈필렌] 축구하다

상황 연습

본격적으로 서로에 대해 알아가기에 취미를 묻고 답하는 것이 최고지요!

A **Was machst du gern?**
바스 막흐스트 두 게안 너는 무엇을 즐겨 하니?

B **Ich? Was mache ich gern...? JA! Tanzen!**
이히 바스 막헤 이히 게안 야 탄첸 나? 나는 뭘 즐겨할까...? 맞아! 춤추기!

A **Oh, tanzt du gern?**
오, 탄츠트 두 게안 오, 너 춤 추는 걸 좋아하니?

B **Ja. Ich tanze total gern. Besonders Salsa!**
야. 이히 탄체 토탈 게안. 베존더스 살사 응! 나는 춤 완전 좋아해. 특히 살사!

A **Wie schön!**
비 쇼엔 와, 멋지다!

B **Tanzt du auch gern?**
탄츠트 두 아욱흐 게안 너도 춤 추는 것을 좋아하니?

A Eigentlich nicht so. Ich bin nicht so sportlich.
아이겐틀리히 니히트 조. 이히 빈 니히트 조 슈포어틀리히
사실 그렇게 까진 아니야. 나는 그렇게 활동적이지 않아.

B Komm schon. Salsa macht echt viel Spaß!
콤 숀. 살사 막흐트 에히트 필 슈파스
그러지 말고. 살사 정말 많이 재미있어!

A So?
조
그래?

B Ja! Ich empfehle dir Salsa!
야 이히 엠펠-레 디어 살사
응! 나는 너에게 살사를 추천해!

학습 더하기!

◆ total 완전히 | besonders 특히나 | eigentlich 원래, 사실 | sportlich 운동을 좋아하는, 활동적인 | A macht Spaß A가 재미있다 | echt 정말, 진짜 | viel 많이 | empfehlen 추천하다

문장 패턴

- **Ich gehe gern ins Kino.**
  이히 게에 게안 인스 키노
  나는 영화관 가는 것을 좋아해요.
- **Ich fahre gern Ski.**
  이히 파레 게안 쉬
  나는 스키 타는 것을 좋아해요.
- **Ich spiele gern Gitarre.**
  이히 슈필레 게안 기타레
  나는 기타 치는 것을 좋아해요.
- **Ich gehe gern spazieren.**
  이히 게에 게안 슈파치-렌
  나는 산책하러 가는 것을 좋아해요.
- **Ich lese gern.**
  이히 레제 게안
  나는 책 읽는 것을 좋아해요.
- **Ich tanze gern.**
  이히 탄체 게안
  나는 춤 추는 것을 좋아해요.

- Ich singe gern.
  이히 징에 게안 나는 노래하는 것을 좋아해요.
- Ich sammle gern **Briefmarken.**
  이히 잠므레 게안 브리프마켄 나는 우표 모으는 것을 좋아해요.
- Ich höre gern **Musik.**
  이히 회게 게안 무직 나는 음악 듣는 것을 좋아해요.
- Ich jogge gern.
  이히 죠게 게안 나는 조깅을 좋아해요.
- Ich surfe gern **im Internet.**
  이히 주어페 게안 임 인터넽 나는 인터넷 서핑하는 것을 좋아해요.

MEMO

풀어보기

[01-05] 다음 빈칸에 알맞은 말을 고르세요.

01

Was ________ Sie gern?

1) machen
2) mache
3) machst
4) macht

02

________ du gern?

1) Tanzest
2) Tanzst
3) Tanzt
4) Tanzen

03

Ich ________ gern in die Oper.

1) spiele
2) jogge
3) lese
4) gehe

04

Salsa macht ________!

1) Schwimmen
2) Spaß
3) Sport
4) Ski

05

Ich surfe gern ________ Internet.

1) am
2) in
3) an
4) im

해설

01 ① 주어가 존칭이므로 machen이 정답입니다.

02 ③ tanzen동사는 어간이 z로 끝나서 du에서는 st가 아니라 t만 붙어요! 따라서 Tanzt가 정답입니다.

03 ④ 오페라 하우스로 가다가 맞으니, "가다"에 해당하는 gehe가 정답입니다.

04 ② "재미있다"라는 표현은 Spaß입니다.

05 ④ "인터넷에서"라고 할 때 숙어로, Internet라고 합니다.

08 저는 청소를 즐겨 하지 않아요.

기본 학습

분리동사를 이용해 일상적인 활동을 표현해 봅시다.

분리동사

독일어에는 다양한 분리동사가 존재한답니다.

분리동사란 [분리전철 + 동사]로 이루어진 동사로서, 문장을 만들 때는 분리전철을 똑! 분리해서 문장 맨 마지막으로 보냅니다.

이번 과에서 어려운 동사를 많이 다루지는 않을 것이고 일상적으로 자주 쓰이는 분리동사들만 몇 개 공부해 보도록 할게요!

- **einkaufen** [아인 카우펜] 장보다 분리전철: ein(안으로 들이는 느낌) + 동사: kaufen(사다)

예 Ich kaufe gern ein. 나는 장보는 것을 즐긴다.

주어	동사	나머지 문장 성분	분리전철
Ich [이히]	kaufe [카우페]	gern [게안]	ein [아인]

- **aufräumen** [아우프 로이멘] 청소하다 auf + räumen

예 Ich räume die Wohnung auf. 나는 집을 청소한다.

주어	동사	나머지 문장 성분	분리전철
Ich [이히]	räume [로이메]	die Wohnung [디 보눙]	auf [아우프]

- **aufstehen** [아우프 슈테엔] 일어나다, 기상하다 auf + stehen

예 Ich stehe früh auf. 나는 일찍 일어난다.

주어	동사	나머지 문장 성분	분리전철
Ich [이히]	stehe [슈테에]	früh [프뤼]	auf [아우프]

상황 연습

더욱 다양한 동사들을 활용하여 좋아하는 일과 싫어하는 일에 대해 말해 봅시다.

A **Und was machst du nicht gern?**
운트 바스 막흐스트 두 니히트 게안 — 그리고 너는 뭘 즐겨하지 않니?

B **Ich lese nicht gern. Das ist langweilig.**
이히 레제 니히트 게안. 다스 이스트 랑바일리히 — 나는 책 읽는 걸 안 좋아해. 그건 지루해.

Liest du gern?
리스트 두 게안 — 너는 독서를 즐기니?

A **Ja, ich lese gern.**
야, 이히 레제 게안 — 응, 난 책 읽는 걸 즐겨.

B **Was machst du dann nicht gern?**
바스 마흐스트 두 단 니히트 게안 — 너는 그럼 뭐 하는 걸 싫어하니?

A **Ich räume nicht gern die Wohnung auf.**
이히 로이메 니히트 게안 디 보눙 아우프 — 나는 집을 정리하는 것을 싫어해.

B **Oh! Ich auch nicht. Und kochst du gern?**
오 이히 아욱흐 니히트. 운트 코흐스트 두 게안 — 오! 나도 싫어. 그리고 너 요리를 즐기니?

A **Ja, ich koche gern.**
야, 이히 코헤 게안 — 응, 나는 요리하는 것 좋아해.

Aber ich kaufe nicht gern ein.
아버 이히 카우페 니히트 게안 아인 — 하지만 나는 장 보는 것을 즐기지 않아.

B **Warum denn? Einkaufen ist doch super cool!**
바룸 덴 아인카우펜 이스트 독흐 주퍼 쿨 — 도대체 왜? 장보기는 완전 좋은데!

학습 더하기!

- lesen(읽다) 동사는 불규칙 동사입니다. 불규칙 동사는 동사의 어간에 변화가 생기는 동사를 뜻하며, 이러한 불규칙한 변화는 단수인칭, 그 중에서도 du와 er, sie, es에서 대부분 일어납니다.

ich 나는	lese	wir 우리는	lesen
du 너는	liest	ihr 너희들은	lest
er 그는 / sie 그녀는	liest	sie 그들은 / Sie 당신은	lesen

문장 패턴

- **Du räumst die Wohnung auf.**
  두 로임스트 디 보눙 아우프 — 너는 집을 청소한다.
- **Er räumt gern die Wohnung auf.**
  에어 로임트 게안 디 보눙 아우프 — 그는 집 청소를 즐긴다.
- **Liest er gern Romane?**
  리스트 에어 게안 로마네 — 그는 소설을 즐겨 읽니?
- **Meine Mutter kauft gern ein.**
  마이네 무터 카우프트 게안 아인 — 나의 엄마는 장을 즐겨 본다.
- **Meine Schwester steht nicht gern früh auf.**
  마이네 슈베스터 슈테트 니이트 게안 프뤼 아우프 — 나의 여자형제는 일찍 일어나는 것을 싫어한다.
- **Ich kaufe gern im Supermarkt ein.**
  이히 카우페 게안 임 주퍼마크트 아인 — 나는 마트에서 장보는 걸 즐긴다.
- **Stehst du früh auf?**
  슈테-스트 두 프뤼 아우프 — 너는 일찍 일어나니?
- **Kaufst du gern ein?**
  카우프스트 두 게안 아인 — 너는 장을 즐겨 보니?
- **Mein Vater liest gern.**
  마인 파터 리스트 게안 — 우리 아빠는 독서를 즐긴다.

풀어보기

[01-03] 다음 빈칸에 알맞은 말을 고르세요.

01

Was ________ er gern?

1) lest
2) machst
3) liest
4) geht

02

Ich kaufe gern ________.

1) ein
2) auf
3) an
4) im

03

Meine Mutter ________ die Wohnung auf.

1) raumt
2) röumt
3) reumt
4) räumt

해설

01 ③ lesen의 3인칭 단수 형태 liest입니다.

02 ① einkaufen(장보다)의 분리전철은 ein입니다.

03 ④ 주어가 3인칭 단수이며 aufräumen(청소하다)의 3인칭 단수 동사변화 räumt입니다.

너의 신발 마음에 든다!

기본 학습

기호와 희망 표현하는 방법을 배워 봅시다.

마음에 들다

- **gefallen** + 3격 [게팔렌] ~이 ~에게 마음에 들다

이 동사는 보통 주어가 대상이 되고, 마음에 들어 하는 주체가 3격으로 취해집니다. A gefallen B의 형태이죠. "A가 B에게 마음에 들다"라는 뜻이에요. 주어의 인칭에 따라 동사가 변화하며 gefallen은 어간에도 변화가 생기는 불규칙 동사입니다.

ich	gefalle [게팔레]	wir	gefallen [게팔렌]
du	gefällst [게팰스트]	ihr	gefallt [게팔트]
er/sie/es	gefällt [게팰트]	sie/Sie	gefallen [게팔렌]

이 과에서는 옷에 관련된 명사들이 나오므로, 우선 패션 아이템에 관련된 명사들을 먼저 공부해 보고 문장을 만들어 봅시다!

der Hut [데어 훝]	모자	die Schuhe [디 슈에]	신발 (복수)
das Kleid [다스 클라이트]	원피스	die Bluse [디 블루제]	블라우스
der Mantel [데어 만텔]	코트	die Jeans [디 쥔스]	청바지
der Pullover [데어 풀로버]	스웨터	der Anzug [데어 안쭉]	양복
der Rock [데어 록]	치마	die Hose [디 호제]	바지
die Jacke [디 야케]	자켓	das T-Shirt [다스 티셔트]	티셔츠
das Hemd [다스 헴트]	셔츠	die Krawatte [디 크라바테]	넥타이
die Socken [디 족켄]	양말 (복수)	die Stiefel [디 슈티펠]	장화 (복수)
der Schal [데어 샬]	목도리, 스카프		

- **Der Rock gefällt mir.** [데어 록 게팰트 미어] 그 치마는 나에게 마음에 들어.
- **Die Socken gefallen dir.** [디 족켄 게팔렌 디어] 그 양말들이 너에게 마음에 든다.

원하다

- **möchten** + [4]격 [뫼히텐] 원하다

이 동사는 특별한 문법으로 만들어진 동사입니다. 접속법 [2]식이라는 것인데요, 일상 생활에서 본인의 원하는 사항을 말할 때 가장 자주 쓰이는 동사이므로, 인칭별로 외워 두는 것이 좋습니다.

"~을 원하다"이기 때문에 [4]격 목적어를 취하면 됩니다. 또한 동사원형을 문장 맨 마지막에 씀으로써 "~하기를 원하다, ~하고 싶다"의 뜻으로도 쓸 수 있습니다.

ich	möchte [뫼히테]	wir	möchten [뫼히텐]
du	möchtest [뫼히테스트]	ihr	möchtet [뫼히텥]
er/sie/es	möchte [뫼히테]	sie/Sie	möchten [뫼히텐]

좋아하다

- **mögen** + [4]격 [뫼겐] ~을 좋아하다

möchten의 어원이 되는 이 동사는 오늘날 독일어에서 "~을 좋아하다"라는 뜻으로 쓰입니다. 동사의 변화가 매우 불규칙하지만 자주 쓰이므로 형태를 잘 익혀 두도록 할게요.

ich	mag [막]	wir	mögen [뫼겐]
du	magst [막스트]	ihr	mögt [뫽트]
er/sie/es	mag [막]	sie/Sie	mögen [뫼겐]

독일어로 색깔을 나타내는 표현도 알아보시죠!

weiß [바이스]	하얀색	gelb [겔프]	노란색
schwarz [슈바-츠]	검은색	orange [오렁쉬]	주황색
grau [그라우]	회색	lila/violett [릴라/비올렡]	보라색
rot [로-트]	빨간색	rosa [로자]	분홍색
blau [블라우]	파란색	braun [브라운]	갈색
grün [그륀]	초록색	die Farbe [디 파-베]	색깔

소유관사의 3격 형태

남성	여성	중성	복수
meinem [마이넴]	meiner [마이너]	meinem [마이넴]	meinen [마이넨]

- **Der Hut gefällt meinem Vater.** 그 모자는 나의 아빠에게 마음에 든다.
  [데어 훝 게팰트 마이넴 파터]
- **Die Bluse gefällt meiner Mutter.** 그 블라우스는 나의 엄마에게 마음에 든다.
  [디 블루제 게팰트 마이너 무터]

상황 연습

무엇이 누구에게 마음에 들다 라는 동사인 gefallen을 이용해 기호를 표현해 봅시다!
möchten을 이용하여 희망 표현도 해 봅시다.

A **Übrigens, ich mag deine Schuhe.**
위브리겐스, 이히 막 다이네 슈에
그나저나, 나 너의 신발이 좋다.

Sie gefallen mir sehr gut!
지 게팔렌 미어 제어 굳
그것들이 정말 나에게 마음에 들어!

B **Oh, danke. Die Farbe gefällt mir auch gut.**
오, 당케. 디 파-베 게팰트 미어 아욱흐 굳
오, 고마워. 색깔이 나에게도 마음에 들어.

A **Ja, echt. Rot steht dir sehr gut!**
야, 에히트. 로트 슈테트 디어 제어 굳
응, 정말. 빨간색이 너에게 정말 잘 어울리는구나!

B **Danke. Dein Hut gefällt mir auch.**
당케. 다인 훝 게팰트 미어 아욱흐
고마워. 너의 모자도 나에게 마음에 들어.

A **Er gehört meiner Schwester.**
에어 게회어트 마이너 슈베스터
그거는 내 어지형제의 것이야.

Ich finde den Hut hübsch.
이히 핀데 덴 훝 휩쉬
나는 그 모자가 예쁘다고 생각해.

B **Das finde ich auch.**
다스 핀데 이히 아욱흐
나도 그렇게 생각해.

Ich möchte auch so einen Hut.
이히 뫼히테 아욱흐 조 아이넨 훝
나도 그런 모자 하나를 가지고 싶다.

학습 더하기!

- übrigens 그나저나 | dein/deine 너의
- A stehen + 3격 : ~에게 어울리다 | gehören + 3격 : ~에게 속하다, ~의 것이다
- finden A B : A를 B하다고 생각하다
- den : 남성 명사의 4격 정관사 (뜻: 그 남성명사를)
- einen : 남성 명사의 4격 부정관사 (뜻: 한 남성명사를)

* 색깔은 대문자로 써서 명사처럼 쓸 수 있습니다.

- **Die Bluse gefällt mir gut.**
  디 블루제 게팰트 미어 궅 — 그 블라우스는 나에게 마음에 든다.
- **Der Rock gefällt meiner Schwester.**
  데어 록 게팰트 마이너 슈베스터 — 그 치마는 나의 여자형제에게 마음에 든다.
- **Das T-Shirt gehört meiner Schwester.**
  다스 티셔트 게회어트 마이너 슈베스터 — 그 티셔츠는 나의 여자형제의 것이다.
- **Das Hemd steht meinem Vater gut.**
  다스 혬트 슈테트 마이넴 파터 궅 — 그 셔츠는 나의 아빠에게 잘 어울린다.
- **Die Schuhe stehen meinem Bruder gut.**
  디 슈에 슈테엔 마이넴 브루더 궅 — 그 신발은 나의 남자형제에게 잘 어울린다.
- **Die Farbe steht mir gut.**
  디 파-베 슈테트 미어 궅 — 그 색깔은 나에게 잘 어울린다.

풀어보기

[01-05] 다음 빈칸에 알맞은 말을 고르세요.

01

Der Mantel _________ dir gut.

1) stehen
2) steht
3) stehe
4) stehst

02

Die Hose _________ mir gut.

1) gefallen
2) gefallt
3) gefallet
4) gefällt

03

Die Socken gefallen _________ Sohn nicht.

1) meiner
2) mein
3) meinem
4) meine

04

Rot steht ________ Oma gut.

1) deiner

2) meine

3) deinem

4) meinem

05

Ich ________ lesen.

1) gehöre

2) gefalle

3) möchte

4) stehe

해설

01 ② 주어가 3인칭 단수이므로 steht가 정답입니다.

02 ④ 주어가 3인칭 단수이므로 gefällt가 정답입니다.

03 ③ 나의 아들은 남성명사이므로 남성명사의 3격 소유관사 형태는 meinem입니다.

04 ① 나의 할머니는 여성명사이므로 여성명사의 3격 소유관사 형태는 deiner입니다.

05 ③ "나는 책을 읽고 싶다"라는 문장이므로 동사원형을 취할 수 있는 동사는 möchte입니다.

나는 25살이야. 너는 몇 살이야?

기본 학습

인적사항에 대한 표현을 배워 봅시다.

ledig [레-디히]	미혼의	verheiratet [페어하이라테트]	기혼의
geschieden [게쉬-덴]	이혼한	verwitwet [페어비트베트]	사별한

*위 사항은 예민한 개인 정보이므로 아무에게나 함부로 묻지는 않습니다. 충분히 친해진 사이에서 묻거나 아니면 공공기관에서 신상정보를 파악하기 위해 묻는 경우가 많습니다.

- **Ist Peter ledig?** [이스트 페터 레-디히] 페터는 미혼이니?
- **Ja, er ist ledig.** [야, 에어 이스트 레-디히] 응 그는 미혼이야.
- **Bist du verheiratet?** [비스트 두 페어하이라테트] 너는 기혼이니?
- **Ja, ich bin verheiratet und habe zwei Kinder.**
  [야, 이히 빈 페어하이라테트 운트 하베 츠바이 킨더] 응, 나는 기혼이고 두 명의 아이를 가지고 있어.

* 나이를 묻는 표현은 [Wie alt + sein동사 + 주어?] 형태로 나타냅니다.
alt가 "늙은"이라는 뜻의 형용사이므로 직역하자면 "얼마나 늙었습니까?"라는 뜻입니다.

상황 연습

독일에서는 서로 나이를 잘 묻지 않습니다. 하지만 친한 사이에서는 충분히 물어볼 수 있지요. 너무 성급히, 갑작스럽게 묻지만 않는다면 괜찮아요. 나이를 물으면서 숫자도 익혀 봅시다.

A **Wie alt bist du denn?**
비 알트 비스트 두 덴 너 도대체 몇 살이야?

B **Ich bin 25 Jahre alt. Und du?**
이히 빈 퓐프 운트 츠반치히 야레 알트. 운트 두 나는 25살이야. 그리고 너는?

A **Ich bin 27.**
이히 빈 지벤 운트 츠반치히 나는 27.

B **Oh, meine Schwester ist auch 27 Jahre alt.**
오, 마이네 슈베스터 이스트 아욱흐 지벤 운트 츠반치히 야레 알트
오, 우리 언니 27살이야.

A **Oh, gleichaltrig.**
오, 글라이히알트리히 오, 동갑이네.

B **Bist du verheiratet?**
비스트 두 페어하이라테트 너 결혼했어?

A **Nein, ich bin ledig.**
나인, 이히 빈 레-디히 아니, 나 미혼이야.

B **Ich bin auch ledig.**
이히 빈 아욱흐 레-디히
나도 미혼이야.

Meine Schwester ist schon verheiratet und hat einen Sohn.
마이네 슈베스터 이스트 숀 페어하이라테트 운트 핱 아이넨 조-온
우리 언니는 벌써 결혼했고 한 명의 아들을 가지고 있어.

A **Wie alt ist er?**
비 알트 이스트 에어 그는 몇 살이야?

B **Er ist 3.**
에어 이스트 드라이 그는 세 살이야.

문장 패턴

- **Mein Bruder ist verheiratet und hat einen Sohn.**
  마인 브루더 이스트 페어하이라테트 운트 핱 아이넨 조-온
  나의 남자형제는 결혼했고 아들 하나를 가지고 있다.
- **Meine Schwester ist ledig.**
  마이네 슈베스터 이스트 레-디히 나의 여자형제는 미혼이다.
- **Meine Oma ist verwitwet.**
  마이네 오마 이스트 페어비트베트 나의 할머니는 사별하셨다. (할아버지가 돌아가신 상황)

- **Ich bin ledig und habe einen Freund.**
  이히 빈 레-디히 운트 하베 아이넨 프러인트
  나는 미혼이고 남자친구 하나가 있다.
- **Meine Tante ist geschieden und hat keinen Freund.**
  마이네 탄테 이스트 게쉬-덴 운트 할 카이넨 프러인트
  나의 숙모는 이혼했으며 남자친구가 없다.
- **Mein Onkel ist 52 Jahre alt und geschieden.**
  마인 옹켈 이스트 츠바이 운트 퓐프치히 야레 알트 운트 게쉬-덴
  나의 삼촌은 52살이며 이혼했다.

MEMO

풀어보기

[01-03] 다음 빈칸에 알맞은 말을 고르세요.

01

_________ alt ist deine Tante?

1) Wie
2) Was
3) Wie alt
4) Woher

02

Mein Onkel hat _________ Tochter.

1) einen
2) keinen
3) keine
4) ein

03

Deine Mutter ist 50 _________ alt.

1) Jahre
2) Jahr
3) Jahrs
4) Jahren

해설

01 ① 나이를 묻는 표현은 Wie alt ~?이므로 Wie가 정답입니다.

02 ③ "나의 삼촌은 딸 하나를 가졌다"라는 뜻이므로 여성명사에 해당하는 관사 keine를 사용합니다.

03 ① 나이를 얘기할 때, Jahre alt를 쓰기 때문에 정답은 Jahre입니다.

02장

소비 생활

MP3

11 백화점에 쇼핑하러 가자!

기본 학습

물건을 살 때 유용한 표현을 알아봅시다!

가격을 물을 때

Was / Wie viel	kostet	단수 주어	~?
	kosten	복수 주어	

- **Was kostet der Mantel?** [바스 코스텔 데어 만텔] 그 코트가 얼마입니까?
- **Was kostet die Bluse?** [바스 코스텔 디 블루제] 그 블라우스가 얼마입니까?
- **Wie viel kostet das Hemd?** [비 필 코스텔 다스 헴트] 그 셔츠가 얼마입니까?
- **Was kosten die Schuhe?** [바스 코스텐 디 슈에] 그 신발이 얼마입니까?
- **Wie viel kosten die Stiefel?** [비 필 코스텐 디 슈티-펠] 그 장화가 얼마입니까?

*kosten은 "값이 나가다"라는 뜻을 가진 동사로서, 상품 명칭인 주어가 단수이면 3인칭 단수 형태인 kostet, 복수이면 kosten의 형태로 씁니다.

*kosten은 4격을 받는 동사이므로 1유로일 때는 A kostet einen Euro. 라고 합니다! (남성 4격)

*1유로 뒤에 센트가 붙어도 동일합니다. A kostet einen Euro fünfzig.
A는 1유로 50 센트입니다. → 유로가 있을 때는 센트(Cent)단위를 언급하지 않습니다.

화법조동사

능력을 나타내는 화법조동사 können [쾨넨] ~할 수 있다

ich	kann [칸]	wir	können [쾨넨]
du	kannst [칸스트]	ihr	könnt [쾬트]
er/sie/es	kann [칸]	sie/Sie	können [쾨넨]

*화법조동사는 동사원형을 취하며, 이 동사원형은 문장의 맨 뒤로 후치됩니다.

- **Ich kann tanzen.** [이히 칸 탄첸] 나는 춤출 수 있어요.
- **Sie können kommen.** [지 쾨넨 코멘] 당신은 올 수 있어요

상황 연습

백화점에 쇼핑하러 갑시다! 백화점에서는 어떤 물건을 살 수 있고, 어떻게 묻고 답할 수 있을까요?

A **Kann ich Ihnen helfen?**
칸 이히 이넨 헬펜 제가 도와드릴까요?

B **Ja, bitte. Ich suche einen Mantel.**
야, 비테. 이히 죽헤 아이넨 만텔 네, 도와주세요. 저는 코트 하나를 찾고 있어요.

A **Wie finden Sie den hier?**
비 핀덴 지 덴 히어 여기 이것은 어떠세요?

B **Der ist schön. Wie viel kostet der Mantel?**
데어 이스트 쇼엔. 비 필 코스텔 데어 만텔 그것은 멋지네요. 그 코트는 얼마인가요?

A **Er kostet 268,50 Euro.**
에어 코스텔 츠바이훈더–트 악흐트 운트 제히치히 어이로 퓐프치히
그것은 268 유로 50센트입니다.

B **Hui, er ist aber teuer.**
후이, 에어 이스트 아버 토이어 어휴, 비싼데요.

A **Sie können ihn mal trotzdem anprobieren.**
지 쾨넨 인 말 트로츠뎀 안프로비–렌 그래도 한 번 입어 보실 수 있으세요.

B **Ja, wo ist die Umkleidekabine?**
야, 보 이스트 디 움클라이데카비네 네, 탈의실이 어디죠?

A **Kommen Sie mit. Ich zeige es Ihnen.**
코멘 지 밑. 이히 차이게 에스 이넨 이리 오세요. 제가 보여드릴게요.

학습 더하기!

- suchen 찾다, 구하다 | finden A B A를 B라고 생각하다 | teuer 비싼
  trotzdem 그럼에도 불구하고 | anprobieren 입어보다 | e. Umkleidekabine 탈의실
  zeigen 보여주다

문장 패턴

- **Ich kann gut Englisch sprechen.**
  이히 칸 굳 엥리쉬 슈프레헨
  나는 영어를 잘 할 수 있어요.
- **Kannst du mir helfen?**
  칸스트 두 미어 헬펜
  너는 나를 도와줄 수 있니?
- **Kann ich den Mantel anprobieren?**
  칸 이히 덴 만텔 안프로비-렌
  제가 그 코트를 입어볼 수 있을까요?
- **Kann ich die Bluse anprobieren?**
  칸 이히 디 블루제 안프로비-렌
  제가 그 블라우스를 입어볼 수 있을까요?
- **Kann ich jetzt gehen?**
  칸 이히 예츠 게엔
  제가 지금 갈 수 있을까요?
- **Er kann gut tanzen.**
  에어 칸 굳 탄첸
  그는 춤을 잘 출 수 있습니다.
- **Was kostet die Hose?**
  바스 코스텥 디 호제
  그 바지는 얼마입니까?
- **Wie viel kostet der Rock?**
  비 필 코스텥 데어 록
  그 치마는 얼마입니까?
- **Was kosten die Blusen?**
  바스 코스텐 디 블루젠
  그 블라우스들은 얼마입니까?
- **Wie viel kosten die Hemden?**
  비 필 코스텐 디 헴덴
  그 셔츠들은 얼마입니까?

풀어보기

[01-03] 다음 빈칸에 알맞은 말을 고르세요.

01

Wie _________ kostet das?

1) was
2) viel
3) veil
4) wie viel

02

_________ er mir helfen?

1) Kann
2) Kannst
3) Können
4) Könnt

03

Das Hemd kostet _________ Euro.

1) ein
2) einen
3) eine
4) einem

해설

01 ② Wie viel이므로 정답은 ②입니다.

02 ① 주어가 er이므로 kann이 정답이 됩니다.

03 ② kosten은 4격을 받으므로 einen이 정답입니다.

커피 한 잔과 콜라 한 캔 주세요.

기본 학습

주문할 때 필요한 공손한 희망 표현을 배워 봅시다!

- **Ich hätte gern(e)** + 4격 [이히 해테 게안(게아네)] 나는 ~을 가지고 싶어요.

hätte

hätte는 접속법 2식으로 만들어진 형태인데요, 너무 어려우니 "~을 가지고 싶다"라고 말할 때는 Ich hätte gern이라고 말하고 목적어를 받는 형식으로 공부해 두면 유용합니다! 매우 공손한 표현이므로 어디에서나 가지고 싶은 것이 있을 때 쓸 수 있는 표현입니다.

ich	hätte [해테]	wir	hätten [해텐]
du	hättest [해테스트]	ihr	hättet [해텥]
er/sie/es	hätte [해테]	sie/Sie	hätten [해텐]

nehmen

nehmen은 "~을 취하다"라는 라는 뜻의 동사로서 영어의 take와 같은 뜻입니다. 매우 불규칙하게 변하므로 형태에 주의합시다!

ich	nehme [네-메]	wir	nehmen [네-멘]
du	nimmst [님스트]	ihr	nehmt [넴트]
er/sie/es	nimmt [님트]	sie/Sie	nehmen [네-멘]

상황 연습

쇼핑을 하다가 목이 마른 당신! 간단한 테이크아웃 커피숍에서 마실 것을 주문해 봅시다.

A **Bitte schön!**
비테 쇼엔 뭐 드릴까요?

B **Ich hätte gerne einen Kaffee und eine Dose Cola, bitte.**
이히 해테 게안 아이넨 카페 운트 아이네 도제 콜라, 비테
커피 하나와 한 캔의 콜라 부탁드려요.

A **Gerne. Sonst noch etwas?**
게아네. 존스트 녹흐 에트봐스 기꺼이요. 그 외에 더 필요하신 건요?

B **Nein, danke... Doch. Ich nehme eine Brezel auch.**
나인, 당케 독흐. 이히 네메 아이네 브레첼 아욱흐
없어요, 고마워요… 아니다. 저 브레첼 하나도 할게요.

A **Sehr gerne. Ist das alles?**
제어 게아네. 이스트 다스 알레스 아주 좋아요. 그게 다인가요?

B **Ja, das war´s.**
야, 다스 봐-스 네, 그게 다예요.

A **Zum Hier-Essen oder zum Mitnehmen?**
쭘 히어 에센 오더 쭘 밑네멘 여기서 드세요 가지고 가세요?

B **Zum Mitnehmen, bitte.**
쭘 밑네멘, 비테 가지고 갈게요.

A **8,69 Euro, bitte.**
아흐트 오이로 노인 운트 제히치히, 비테 8유로 69센트입니다.

B **Hier, bitte schön.**
히어, 비테 쇼엔 여기 있어요.

A **Viele Dank!**
필렌 당크 감사합니다!

문장 패턴

- **Ich hätte gerne einen Tee.**
  이히 해테 게아네 아이넨 테
  나는 하나의 (마시는) 차를 원해요.
- **Ich hätte gerne eine Pause.**
  이히 해테 게아네 아이네 파우제
  나는 휴식을 원해요.
- **Ich hätte gerne einen Freund.**
  이히 해테 게아네 아이넨 프러인트
  나는 남자친구를 가지고 싶어요.
- **Ich hätte gerne eine Freundin.**
  이히 해테 게아네 아이네 프러인딘
  나는 여자친구를 가지고 싶어요.
- **Ich hätte gerne eine Brezel.**
  이히 해테 게아네 아이네 브레첼
  나는 브레첼 하나를 원해요.
- **Ich hätte gerne ein Hähnchen.**
  이히 해테 게아네 아인 핸히엔
  나는 닭고기 하나를 원해요.
- **Ich nehme einen Saft.**
  이히 네-메 아이넨 자프트
  저는 주스 하나를 먹겠어요.
- **Was nimmst du?**
  바스 님스트 두
  너 뭐 먹을래?
- **Was nehmen Sie?**
  바스 네-멘 지
  당신은 무엇을 드시겠습니까?

풀어보기

[01-03] 다음 빈칸에 알맞은 말을 고르세요.

01

Ich _________ gern eine Cola.

1) hätte
2) hättest
3) hättet
4) hätten

02

Was _________ du?

1) nehme
2) nimmt
3) nehmt
4) nimmst

03

_________ Sie gern auch einen Salat?

1) Hätten
2) Hätte
3) Hättest
4) Hättet

해설

01 ① ich의 형태는 hätte입니다.

02 ④ du의 형태는 nimmst입니다.

03 ① 존칭 Sie의 형태는 Hätten입니다.

주문 좀 할게요!

기본 학습

주문할 때 듣게 되는 종업원 표현과 손님이 쓸 수 있는 표현들을 알아봅시다!

종업원

- **Was darf es sein?** [바스 다-프 에스 자인] 무엇을 드릴까요?
- **Was könnte es sein?** [바스 쾬테 에스 자인] 무엇을 드릴까요?
- **Was hätten Sie gern?** [바스 해텐 지 게안] 무엇을 원하세요?
- **Was wünschen Sie?** [바스 뷘셴 지] 무엇을 원하세요?
- **Sie wünschen?** [지 뷘셴] 무엇을 원하세요?
- **Haben Sie gewählt?** [하벤 지 게밸트] 고르셨나요?

손님

- **Wir möchten bitte bestellen.** [비어 뫼히텐 비테 베슈텔렌] 우리는 주문하고 싶어요.
- **Ich würde gerne bestellen.** [이히 뷰어데 게아네 베슈텔렌] 저는 주문하고 싶어요.
- **Kann ich die Speisekarte haben?** [칸 이히 디 슈파이제카-테 하벤] 제가 메뉴판을 가질 수 있을까요? (메뉴판 주세요)
- **Ich hätte gerne einen Salat.** [이히 해테 게아네 아이넨 잘라트] 샐러드 하나 주세요.
- **Ich nehme ein Hähnchen mit Pommes.** [이히 네메 아인 핸혠 밑 포메스] 저는 감자튀김이 곁들여진 닭고기를 먹겠어요.
- **Für mich einen Kaffee bitte.** [퓨어 미히 아이넨 카페 비테] 저에게는 커피 한잔 주세요.
- **Wir möchten bezahlen.** [비어 뫼히텐 베찰렌] 우리는 계산하고 싶어요.
- **Zahlen, bitte.** [찰렌 비테] 계산 할게요.

상황 연습

레스토랑에서 맛있는 식사를 할 때 필요한 표현을 알아봅시다!

A **Kann ich die Speisekarte haben?**
칸 이히 디 슈파이제카-테 하벤 — 메뉴판 좀 주시겠어요?

B **Hier bitte.**
히어, 비테 — 여기에 있습니다.

A **Danke schön.**
당케 쇼엔 — 감사합니다.

B **Was möchten Sie trinken, meine Damen?**
봐스 뫼히텐 지 트링켄, 마이네 다멘 — 무엇을 마시고 싶으신가요, 숙녀분들?

A **Für mich ein Mineralwasser, bitte.**
퓨어 미히 아인 미네랄봐서, 비테 — 저는 탄산수 하나 주세요.

Und was nimmst du, Karin?
운트 봐스 님스트 두, 카린 — 그리고 넌 뭐 먹을래, Karin?

C **Ich nehme den Orangensaft.**
이히 네메 덴 오렁젠자프트 — 나는 오렌지주스 먹을게.

B **Gerne, kommt gleich.**
게아네, 콤트 글라이히 — 좋아요, 곧 나옵니다.

A **Wir möchten bitte bestellen.**
비어 뫼히텐 비테 베슈텔렌 — 주문하고 싶어요.

B **Ja, gleich! Was darf es sein?**
야, 글라이히 봐스 다-프 에스 자인 — 네, 갑니다! 뭐 드릴까요?

A **Ich hätte gern ein Hähnchen mit Pommes.**
이히 해테 게안 아인 핸헨 밑 포메스 — 저는 감자튀김을 곁들인 닭고기를 먹고 싶어요.

Geht das auch mit Salat dazu?
겥 다스 아욱흐 밑 잘라트 다쭈 — 샐러드 추가 되나요?

B **Aber natürlich.**
아버 나튜얼리히 — 당연하지요.

A **Sehr gut. Und du, Karin?**
제어 궅. 운트 두, 카린 — 아주 좋아요, Karin 씨는요?

C **Für mich eine Gemüsesuppe mit Brötchen, bitte.**
퓨어 미히 아이네 게뮤제주페 밑 브룃헨, 비테 — 저는 작은 빵을 곁들인 야채 수프 주세요.

B **Alles klar.**
알레스 클라 — 알겠습니다.

문장 패턴

- **Ich nehme einen Apfelsaft.**
  이히 네메 아이넨 압펠자프트 — 저는 사과주스 하나를 먹겠어요.
- **Ich nehme eine Tasse Kaffee.**
  이히 네메 아이네 타쎄 카페 — 저는 한 잔의 커피를 먹겠어요.
- **Ich nehme ein Glas Bier.**
  이히 네메 아인 글라스 비어 — 저는 한 잔의 맥주를 먹겠어요.
- **Ich nehme ein Stück Kuchen.**
  이히 네메 아인 슈튝 쿠흔 — 저는 한 조각의 케이크를 먹겠어요.
- **Ich nehme eine Dose Cola.**
  이히 네메 아이네 도제 콜라 — 저는 한 캔의 콜라를 먹겠어요.
- **Ich nehme eine Flasche Mineralwasser.**
  이히 네메 아이네 플라셰 미네랄바서 — 저는 한 병의 미네랄워터를 먹겠어요.

풀어보기

[01-03] 다음 빈칸에 알맞은 말을 고르세요.

01

Für ________ einen Kaffee bitte.

1) mir
2) ich
3) mich
4) das

02

Kann ich ________ Speisekarte haben?

1) der
2) den
3) das
4) die

03

Ich nehme ein Hähnchen ________ Pommes.

1) für
2) mit
3) der
4) einen

해설

01 ③ Für(~을 위하여) 뒤에는 ④격이 와야 합니다. 따라서 정답은 mich입니다.
02 ④ Speisekarte는 "메뉴판"이란 뜻으로 여성명사입니다. 따라서 die가 정답입니다.
03 ② "감자튀김이 곁들여진"이라는 뜻으로 쓸 때 "~와 함께"라는 뜻의 전치사 mit를 씁니다.

여기 스테이크 정말 맛있다!

기본 학습

맛을 나타내는 표현을 알아봅시다!

schmecken : ~한 맛이 나다

- **Das schmeckt gut!** [다스 슈멕트 굳] 이거 맛있다!

*음식이 주어가 됩니다.

- **Das schmeckt mir gut!** [다스 슈멕트 미어 굳] 이거 나에게 맛있다!

*누군가에게 맛있다고 할 때는 3격을 씁니다.

인칭대명사의 3격 형태

ich 나	du 너	er 그	sie 그녀	es 그것	wir 우리	ihr 너희	sie 그들	Sie 당신
mir	dir	ihm	ihr	ihm	uns	euch	ihnen	Ihnen

맛을 표현하는 어휘

lecker [렉커]	맛있는	salzig [잘치히]	짠
süß [쥐-쓰]	달콤한	scharf [샤-프]	매운
wässerig [배써리히]	싱거운	ölig [욀리히]	느끼한
sauer [자우어]	신	fett [펱]	기름진
eklig [에클리히]	구역질나는	frisch [프리쉬]	신선한

상황 연습

식당에서 음식의 맛에 대해 표현하고 혹시 있을지 모르는 불편 사항에 대해서도 자유롭게 말해 봅시다!

A **Schmeckt dir das Hähnchen gut?**
슈멕트 디어 다스 핸헨 굳 — 닭고기 맛있어?

B **Ja, es schmeckt wunderbar!**
야, 에스 슈멕트 분더바 — 응, 정말 훌륭해!

A **Der Salat ist leider zu salzig.**
데어 잘라트 이스트 라이더 쭈 잘치히 — 근데 샐러드는 너무 짜다.

B **Das finde ich auch.**
다스 핀데 이히 아우흐 — 나도 그렇게 생각해.

A **Aber der Wein. Der ist total lecker! Woher kommt er denn?**
아버 데어 바인. 데어 이스트 토탈 렉커. 보헤어 콤트 에어 덴
근데 이 와인. 이거 진짜 맛있는데! 이거 어디 거야?

B **Er ist aus Frankreich.**
에어 이스트 아우스 프랑크라이히 — 이거 프랑스산이야.

A **Oh, deswegen, klar.**
오, 데스베겐, 클라 — 오, 그래서구나. 당연하지.

B **Die Tomaten sind echt eklig. Entschuldigung, Herr Ober!**
디 토마텐 진트 에히트 에클리히. 엔츌디궁, 헤어 오버 — 이 토마토들 정말 역겹다. 저기요, 웨이터!

C **Was kann ich für Sie tun?**
바스 칸 이히 퓨어 지 툰 — 무엇을 도와드릴까요?

A **Der Salat ist zu salzig.**
데어 잘라트 이스트 쭈 잘치히 — 이 샐러드 너무 짜요.

Und die Tomaten sind gar nicht frisch.
운트 디 토마텐 진트 가 니히트 프리쉬 — 그리고 토마토들도 전혀 신선하지가 않아요.

C **Oh, es tut mir wirklich leid.**
오, 에스 툩 미어 비어클리히 라이트 — 오, 죄송합니다.

Ich bringe Ihnen sofort einen neuen Salat.
이히 브링에 이넨 조포어트 아이넨 노이엔 잘라트 — 제가 즉시 새로운 샐러드를 가져다 드릴게요.

A **Danke.**
당케 — 고마워요.

문장 패턴

- **Schmeckt dir der Salat?**
  슈멕트 디어 데어 잘라트
  그 샐러드가 너에게 맛있니?
- **Wie schmeckt Ihnen der Salat?**
  비 슈멕트 이넨 데어 잘라트
  그 샐러드가 당신에게 어떠한 맛이 납니까?
- **Der Wein schmeckt mir gut.**
  데어 바인 슈멕트 미어 굳
  그 와인은 나에게 맛있다.
- **Die Tomaten schmecken mir gut.**
  디 토마텐 슈멕켄 미어 굳
  그 토마토들은 나에게 맛있다.
- **Wie schmeckt ihr der Käse?**
  비 슈멕트 이어 데어 캐-제
  그녀에게 그 치즈가 어떠한 맛이 납니까?
- **Er schmeckt ihm nicht gut.**
  에어 슈멕트 임 니히트 굳
  그것은 그에게 맛이 좋지 않습니다.
- **Der Käse ist ein bisschen salzig.**
  데어 캐-제 이스트 아인 비쓰헨 잘치히
  그 치즈는 조금 짭니다.

풀어보기

[01-03] 다음 빈칸에 알맞은 말을 고르세요.

01

Wie schmeckt ________ der Kaffee?

1) dich
2) dir
3) Sie
4) es

02

Wie ________ Ihnen die Tomaten?

1) schmecke
2) schmeckt
3) schmeckst
4) schmecken

03

________ Wein schmeckt mir gut.

1) Das
2) Die
3) Der
4) Dem

해설

01 ② schmecken은 3격을 받으므로 dir가 정답입니다.

02 ④ 주어가 die Tomaten 복수이기 때문에 schmecken이 정답입니다.

03 ③ Wien은 남성이기 때문에 Der가 정답입니다.

15 따로 계산해 주세요.

기본 학습

식당에서 듣거나 쓸 수 있는 표현에 대해 공부해 봅시다!

종업원

- **(Bezahlen Sie) zusammen oder getrennt?** 함께 계산하시나요 따로 계산하시나요?
  [(베찰렌 지) 쭈자멘 오더 게트렌트]
- **Das macht (zusammen) OO Euro.** 전부 OO유로입니다.
  [다스 마흐트 (쭈자멘) OO 오이로]
- **Was bezahlen Sie?** 무엇을 계산하시나요? (뭐 드셨어요?)
  [바스 베찰렌 지] * 따로 계산할 경우 메뉴를 묻는 표현
- **OO Euro zurück.** OO유로 거스름돈입니다. (돌려드립니다.)
  [OO 오이로 쭈뤽]

손님

- **Zusammen, bitte.** 함께 계산할게요.
  [쭈자멘 비테]
- **Getrennt, bitte.** 따로 계산할게요.
  [게트렌트 비테]
- **Machen Sie OO (Euro).** OO유로로 계산해 주세요.
  [마흔 지 OO (오이로)]
- **Stimmt so.** 잔돈은 됐어요. (팁이에요)
  [슈팀트 조]

상황 연습

식당에서 식사 후 계산할 때 쓰는 표현을 익혀 봅시다. 독일에서는 팁이 필수예요!

A **Wir möchten bitte bezahlen. Die Rechnung bitte.**
비어 뫼히텐 비테 베찰렌. 디 레히눙 비테　　저희는 계산하고 싶어요. 계산서 주세요.

B **Zusammen oder getrennt?**
쭈자멘 오더 게트렌트　　함께 계산하세요 따로 계산하세요?

A **Getrennt, bitte.**
게트렌트 비테　　따로 해 주세요.

C **Ach, Quatsch. Ich lade dich ein.**
아흐, 크봐취. 이히 라데 디히 아인　　아유, 무슨 소리야. 내가 사줄게.

Zusammen bitte.
쭈자멘 비테　　함께 계산해 주세요.

B **Alles klar. Das macht zusammen 36,70 Euro.**
알레스 클라. 다스 마흐트 쭈자멘 젝스운트드라이시히 오히로 집치히
알겠습니다. 다 해서 36유로 70센트입니다.

C **Hier ist 50 Euro. Machen Sie 40.**
히어 이스트 핀프치히 오이로. 막헨 지 피어치히　　여기 50유로예요. 40유로로 해 주세요.

B **Vielen Dank! 10 Euro zurück.**
필렌 당크. 첸 오이로 쭈뤽　　감사합니다! 10유로 돌려드리지요.

Ich wünsche Ihnen einen wunderschönen Tag noch!
이히 뷘셰 이넨 아이넨 분더쇼에넨 탁 노흐　　여러분에게 남은 하루도 멋지길 기원합니다!

A **Gleichfalls, danke.**
글라이히팔스. 당케　　당신도요. 고마워요.

C **Danke, Ihnen auch.**
당케. 이넨 아욱흐　　고마워요. 당신에게도요.

- **Was bezahlen Sie?**
  바스 베찰렌 지 — 무엇을 계산하시나요?
- **Spaghetti mit Tomatensoße.**
  슈파게티 밑 토마텐조쎄 — 토마토소스 스파게티요.
- **Das macht 16,90 Euro.**
  다스 마흐트 제히첸 오이로 노인치히 — 16유로 90센트입니다.
- **Machen Sie 18 Euro.**
  마흔 지 아흐첸 오이로 — 18 유로로 계산해 주세요. (* 보통 20유로를 내면서 하는 말)
- **Vielen Dank. 2 Euro zurück.**
  필렌 당크. 츠바이 오이로 쭈뤽 — 감사합니다. 2유로 돌려드립니다.
- **20 Euro. Stimmt so.**
  츠반치히 오이로. 슈팀트 조 — 20유로예요. 잔돈은 됐어요.

MEMO

풀어보기

[01-03] 다음 빈칸에 알맞은 말을 고르세요.

01

Was ________ Sie?

1) bezahlst
2) bezahlt
3) bezahlen
4) bezahle

02

Das ________ 20 Euro.

1) machen
2) machst
3) mache
4) macht

03

Vielen Dank. 2 Euro ________.

1) getrennt
2) stimmt so
3) zurück
4) zusammen

해설

01 ③ 주어가 존칭이므로 bezahlen이 정답입니다.

02 ④ 가격을 말해줄 때 Das 뒤에 macht를 사용합니다.

03 ③ "되돌려"라는 뜻의 부사 zurück를 사용해야 합니다.

저는 모니터 하나가 필요해요.

기본 학습

집안에 관련된 명사들을 배워봅시다!

r. 남성 e. 여성 s. 중성

단어	뜻	복수
s. Zimmer	방	단-복수 동일
e. Wohnung	집	Wohnungen
s. Einfamilienhaus	단독주택	Einfamilienhäuser
s. Appartement	아파트	Appartements
s. Studentenwohnheim	기숙사	Studentenwohnheime
e. Wohngemeinschaft	셰어하우스	Wohngemeinschaften
s. Hochhaus	고층건물	Hochhäuser
r. Quadratmeter	제곱미터	단-복수 동일
s. Bad	욕실	Bäder
e. Küche	부엌	Küchen
r. Garten	정원	Gärten
s. Arbeitszimmer	서재	단-복수 동일
s. Wohnzimmer	거실	단-복수 동일
s. Badezimmer	욕실	단-복수 동일
s. Kinderzimmer	애들 방	단-복수 동일
s. Schlafzimmer	침실	단-복수 동일
r. Balkon	발코니	Balkons
r. Flur	복도	Flure
e. Miete	월세	Mieten
r. Keller	창고	Keller
e. Garage	주차장	Garagen
r. Sessel	안락의자	Sessel
r. Spiegel	거울	Spiegel

s. Sofa	소파	Sofas
s. Regal	책장	Regale
r. Teppich	카페트	Teppiche
s. Bild	그림	Bilder
r. Stuhl	의자	Stühle
r. Kühlschrank	냉장고	Kühlschränke
s. Bett	침대	Betten
e. Dusche	샤워(기)	Duschen
e. Kommode	작은 서랍장	Kommoden
r. Herd	인덕션	Herde
s. Waschbecken	세면대	Waschbecken
s. Möbel	가구	* 복수형으로만 사용됨
r. Bildschirm	화면, 모니터	Bildschirme
r. Schreibtisch	책상	Schreibtische
e. Wand	벽	Wände
r. Fernseher	TV	Fernseher
s. Kissen	쿠션	단-복수 동일
e. Pflanze	식물	Pflanzen
r. Papierkorb	휴지통	Papierkörbe

haben동사 / brauchen동사

"~을 가지다"의 haben동사와 "~을 필요로하다"의 brauchen동사는 4격을 취합니다.

〈부정관사의 4격 형태〉

남성	여성	중성	복수
einen	eine	ein	없음

- **Das ist zwar gut, aber teuer.** 이것은 좋긴 하지만 비싸다.
  [다스 이스트 츠바 굳, 아버 토이어]

*zwar A, aber B A 이긴 하지만 B하다

독일에서 생활을 막 시작했을 때, 다양한 가전제품과 가구가 필요하겠죠? 독일어에서는 항상 명사의 성에 주의해야 해요!

A **Jetzt habe ich fast alles.**
예츠트 하베 이히 파스트 알레스
이제 나는 거의 모든 것을 가지고 있어.

ein Sofa, einen Schrank, einen Tisch, einen Stuhl und eine Lampe.
아인 조파, 아이넨 슈랑크, 아이넨 티쉬, 아이넨 슈툴 운트 아이네 람페
소파 하나, 장롱 하나, 테이블 하나, 의자 하나 그리고 조명 하나.

B **Hast du auch einen Computer?**
하스트 두 아욱흐 아이넨 콤퓨터
너 컴퓨터도 가지고 있니?

A **Ja, ich habe zwar einen Computer, aber noch keinen Bildschirm.**
야, 이히 하베 츠바 아이넨 콤퓨터, 아버 노흐 카이넨 빌트쉬엄
응, 나는 컴퓨터는 가지고 있긴 한데 아직 모니터는 없어.

B **Dann brauchst du einen Bildschirm.**
단 브라욱흐스트 두 아이넨 빌트쉬엄
그럼 너는 모니터를 하나 필요로 하겠다.

A **Genau. Ich brauche auch 2 Stühle noch.**
게나우. 이히 브라우헤 아욱흐 츠바이 슈튈레 노흐
맞아. 나는 2개의 의자들도 필요해.

Morgen mache ich eine Party und meine Freunde kommen.
모어겐 마헤 이히 아이네 파–티 운트 마이네 프러인데 콤멘
내일 내가 파티를 하고 내 친구들이 와.

B **Gehen wir dann zum Möbelhaus.**
게엔 비어 단 춤 뫼벨하우스
우리 그럼 가구 상점에 가자.

A **Ja. Den Bildschirm kann ich im Internet kaufen.**
야. 덴 빌트쉬엄 칸 이히 임 인터넷 카우펜
그래. 모니터는 나는 인터넷에서 살 수 있어.

- **Hast du einen Tisch?**
  하스트 두 아이넨 티쉬
  너는 책상을 가지고 있니?
- **Haben Sie eine Lampe?**
  하벤 지 아이네 람페
  당신은 전등 하나를 가지고 있습니까?

- **Hat deine Schwester ein Sofa?**
  할 다이네 슈베스터 아인 조파
  너의 여자형제는 소파를 가지고 있니?
- **Was brauchst du?**
  바스 브라우흐스트 두
  넌 무엇을 필요로 하니?
- **Ich brauche eine Lampe.**
  이히 브라우헤 아이네 람페
  나는 전등 하나를 필요로 해.
- **Ich brauche eine Wohnung.**
  이히 브라우헤 아이네 보눙
  나는 집 하나를 필요로 해.
- **Er braucht ein Einfamilienhaus.**
  에어 브라우흐트 아인 아인파밀리엔하우스
  그는 단독주택 하나를 필요로 해.
- **Sie braucht Schuhe.**
  지 브라우흐트 슈–에
  그녀는 신발을 필요로 해.

MEMO

풀어보기

[01-05] 다음 빈칸에 알맞은 말을 고르세요.

01

Ich brauche ________ Zimmer.

1) einen
2) eine
3) ein
4) x

02

Hat deine Wohnung ________ Balkon?

1) einen
2) eine
3) ein
4) x

03

Nein, sie hat ________ Garage.

1) keinen
2) keine
3) kein
4) x

04

Ich brauche jetzt ________ Spiegel.

1) einen
2) eine
3) ein
4) x

05

Das Zimmer ist zwar hell, ________ klein.

1) und
2) oder
3) aber
4) sondern

해설

01 ③ Zimmer는 중성명사이므로 ein이 정답입니다.
02 ① Balkon은 남성명사이므로 einen이 정답입니다.
03 ② Garage는 여성명사이므로 keine이 정답입니다.
04 ① Spiegel은 남성명사이므로 einen이 정답입니다.
05 ③ zwar A, aber B는 "A이긴 하지만 B이다"라는 뜻입니다.

치즈 500g은 얼마죠?

장볼 때 유용한 명사들에 대해 알아봅시다!

r. 남성 e. 여성 s. 중성

단어 (복수)	뜻	단어 (복수)	뜻
r. Reis	쌀	r. Tee	차
r. Apfel(Äpfel)	사과	r. Saft (Säfte)	주스
r. Apfelsaft (Apfelsäfte)	사과주스	r. Käse	치즈
r. Kaffee(s)	커피	r. Fisch(e)	생선
e. Kartoffel(n)	감자	e. Banane(n)	바나나
e. Zwiebel(n)	양파	e. Butter	버터
e. Orange(n)	오렌지	e. Wurst (Würste)	소시지
e. Nudel(n)	면	e. Tomate(n)	토마토
s. Mineralwasser	미네랄워터	s. Bier(e)	맥주
s. Ei(er)	달걀	s. Schwein(e)	돼지
s. Fleisch	고기	s. Schweinefleisch	돼지고기
s. Obst	과일	s. Gemüse	야채
e. Milch	우유	s. Produkt(e)	제품
s. Milchprodukt(e)	유제품	s. Getränk(e)	음료
s. Sonstiges	그 외의 것	r. Liter	리터
r. Supermarkt (Supermärkte)	수퍼마켓	s. Fett(e)	지방
r. Markt (Märkte)		e. Packung(en)	팩
e. Leber(n)	간	e. Leberwurst	간소시지
r. Thunfisch(e)	참치	e. Dose(n)	캔
s. Pflanzenöl(e)	식물성 기름	r. Liter	리터
e. Vollmilch	전유 (지방 안 뺀 우유)		
e. Schokolade	초콜릿	r. Orangensaft	오렌지주스
e. Tafel(n)	판	e. Margarine	마가린

r. Becher	(유리가 아닌) 손잡이 없는 컵		
e. Flasche(n)	병	s. Brötchen	작은 빵
s. Kilogramm	킬로그램	e. Gurke(n)	오이
e. Kiste(n)	상자	r. Beutel	봉투
e. Tüte(n)	봉투	r. Weizen	밀
s. Mehl	밀가루	e. (Wein)Traube(n)	포도
r. Salat(e)	샐러드, 상추	r. Bergkäse	산악 지방 치즈
r. Rotwein(e)	레드 와인	e. Metzgerei(en)	정육점
s. Rindersteak(s)	소고기 스테이크	e. Kohlensäure(n)	탄산

물건을 세는 단위

물건을 세는 단위명사의 경우 남성/중성 명사일 때는 단수의 형태로만 쓰는데, 여성명사일 경우 단수와 복수 형태를 구분하여 씁니다.

예 ein Kilo Bananen / 2 Kilo Bananen

* Kilo가 중성명사이기 때문에 형태 변화 없음.

eine Tafel Schokolade / 2 Tafeln Schokolade

* 판(Tafel)은 여성명사이기 때문에 단수와 복수 형태가 구분됨.

작물의 경우 보통 무게로 표현하는데요, 바나나 한 개가 1kg는 아니겠죠?
따라서 [1kg + 작물]은 복수형태로 쓰입니다.

예 ein Kilo Bananen

"값이 나가다"라는 뜻의 동사 **kosten**은 단위명사에 수 일치를 시킵니다.

예 Ein Kilo Bananen kostet 2 Euro.
Zwei Kilo Bananen kosten 4 Euro.

상황 연습

시내를 돌아다니다 보면 Marktplatz라는 곳이 있습니다. 우리나라의 5일장처럼 시장이 들어서는 곳인데요, 그 곳에서는 맛있는 소시지와 치즈 종류가 다양해요.

A **Guten Tag.**
구텐 탁
안녕하세요.

B **Schönen guten Tag, Sie wünschen?**
쇼에넨 구텐 탁, 지 뷘셴
안녕하세요, 멋진 날이지요. 뭐 드릴까요?

A **Was kostet 1 Kilo Schinken?**
바스 코스텟 아인 킬로 슁켄
햄 1kg에 얼마예요?

B **12 Euro pro Kilo.**
츠뵐프 오이로 프로 킬로
kg당 12유로입니다.

A **Kann ich dann 500 Gramm Schinken haben?**
칸 이히 단 퓐프 훈더-트 그람 슁켄 하벤
그럼 햄 500g 살 수 있을까요?

B **Ja wohl. Brauchen Sie sonst noch etwas?**
야 볼. 브라우헨 지 존스트 노흐 에트바스
그럼요. 그 외에 더 뭐 필요하세요?

A **Wie viel kosten 500 Gramm Käse?**
비 필 코스텐 퓐프 훈더-트 그람 캐-제
치즈 500g은 얼마죠?

B **Der da? Der holländische Käse kostet 7,50 Euro pro Pfund.**
데어 다 데어 홀랜디셰 캐-제 코스텔 지벤 오이로 퓐프치히 프로 ㅍ뿐트
저기 저거요? 저 네덜란드산 치즈는 파운드당 7유로 50센트입니다.

A **Dann nehme ich auch den Käse. 500 Gramm bitte.**
단 네메 이히 아우흐 덴 캐-제. 퓐프 훈더-트 그람 비테
그럼 저 치즈도 살게요. 500g 주세요.

B **Gerne. 13,50 Euro, bitte schön.**
게아네. 드라이첸 오이로 퓐프치히. 비테 쇼엔
좋아요. 13유로 50센트입니다.

A **Bitte, tschüs!**
비테, 츄스
여기요. 안녕히 계세요!

B **Vielen Dank. Auf Wiedersehen!**
필렌 당크. 아우프 비더제엔
감사합니다. 안녕히 가세요!

- **Ich nehme 300 Gramm Wurst, bitte.**
  이히 네메 드라이시히 그람 부어스트, 비테 — 저는 300g의 소세지를 사겠어요.
- **Ich hätte gern drei Tafeln Schokolade bitte.**
  이히 해테 게안 드라이 타펠른 쇼콜라데 비테 — 저는 3판의 초콜릿을 원해요.
- **Eine Dose Tomaten kostet 3 Euro.**
  아이네 도제 토마텐 코스텥 드라이 오이로 — 한 캔의 토마토는 3유로입니다.
- **Ich brauche drei Flaschen Öl.**
  이히 브라우헤 드라이 플라셴 욀 — 저는 세 병의 오일을 필요로 해요.
- **Ein Kilo Bananen kostet 2 Euro.**
  아인 킬로 바나넨 코스텥 츠바이 오이로 — 1kg 바나나는 2유로입니다.
- **2 Kilo Äpfel kosten 5 Euro.**
  츠바이 킬로 앱펠 코스텐 퓐프 오이로 — 2kg 사과는 5유로입니다.

MEMO

풀어보기

[01-05] 다음 빈칸에 알맞은 말을 고르세요.

01

Was ________ 500 Gramm Wurst?

1) kostet
2) kosten
3) koste
4) macht

02

Ein Kilo ________ kostet 2,99 Euro.

1) Apfel
2) Kartoffel
3) Weintrauben
4) Tomate

03

Wir brauchen 2 ________ Wasser.

1) Flaschen
2) Flasche
3) Tafeln
4) Dose

04

Ich nehme ________ Tomaten.

1) den
2) die
3) das
4) eine

05

Zwei Kilo Schinken ________ 15,80 Euro.

1) kostet
2) kosten
3) koste
4) macht

해설

01 ② 500 Gramm 주어는 복수이므로 kosten이 정답입니다.

02 ③ 작물은 복수형태로 와야 하므로 Weintrauben이 정답입니다.

03 ① Flasche는 여성명사이므로 Flaschen가 정답입니다.

04 ② Tomaten은 복수형태이므로 die가 정답입니다.

05 ② 단위명사가 복수이므로 kosten이 정답입니다.

다른 사이즈 있나요?

기본 학습

물건을 살 때 쓸 수 있는 표현을 배워 봅시다!

- 4격 in einer anderen Farbe haben : ~을 다른 색깔로 가지고 있다

Haben Sie den Mantel in einer anderen Farbe? 그 코트 다른 색으로 있나요?
[하벤 지 덴 만텔 인 아이너 안더렌 파-베]

- 4격 in 색깔(대문자) haben : ~을 ~색깔로 가지고 있다

Haben Sie den Mantel in Blau? 그 코트 파란색으로 있나요?
[하벤 지 덴 만텔 인 블라우]

- 4격 eine Nummer größer haben : ~을 한 치수 더 큰 것으로 가지고 있다

Haben Sie den Mantel eine Nummer größer? 이 코트 한 치수 더 큰 것 있나요?
[하벤 지 덴 만텔 아이네 누머 그뢰써]

- 4격 eine Nummer kleiner haben : ~을 한 치수 더 작은 것으로 가지고 있다

Haben Sie den Mantel eine Nummer kleiner? 이 코트 한 치수 더 작은 것 있나요?
[하벤 지 덴 만텔 아이네 누머 클라이너]

형용사/부사의 비교급

정관사는 지시대명사처럼 사용할 수 있습니다. 다만 명사가 문맥상 생략돼도 되는 경우에 그러합니다.

독일어 형용사/부사의 비교급은 영어와 마찬가지로 형용사에 er을 붙여 나타냅니다. groß(큰)의 비교급은 größer(더 큰), klein(작은)의 비교급은 kleiner(더 작은)이 됩니다.

상황 연습

옷을 사러 갔을 때 사이즈나 색깔을 다른 것을 요청할 수 있게 공부해 봅시다!

A **Der Pullover gefällt mir gut. Aber die Farbe...**
데어 풀로버 게펠트 미어 궅. 아버 디 파-베 이 스웨터 마음에 들어요. 하지만 색깔이...

Haben Sie den in einer anderen Farbe?
하벤 지 덴 인 아이너 안더렌 파-베 이거 다른 색깔로 있나요?

B **Wir haben den Pullover in Rot, Schwarz und Hellblau.**
비어 하벤 덴 풀로버 인 롵, 슈바-츠 운트 헬블라우
우리는 그 스웨터를 빨간색, 검은색 그리고 하늘색으로 가지고 있어요.

A **Kann ich den in Hellblau mal anprobieren?**
칸 이히 덴 인 헬블라우 말 안프로비-렌 제가 하늘색을 입어볼 수 있을까요?

B **Gerne, bitte schön.**
게아네, 비테쇼엔 네, 여기요.

A **Der ist aber ein bisschen eng.**
데어 이스트 아버 아인 비스헨 엥 이거 근데 조금 작아요.

Haben Sie den eine Nummer größer?
하벤 지 덴 아이네 누머 그뢰써 한 치수 더 큰 것 있나요?

B **Tut mir leid.**
투트 미어 라이트 죄송합니다.

Den haben wir nur in S.
덴 하벤 비어 누어 인 에스 그것을 우리는 오직 S사이즈로만 가지고 있어요.

A **Tja, kann man nichts machen.**
트야, 칸 만 니히츠 마흔 뭐, 어쩔 수 없죠.

- **Haben Sie die Bluse eine Nummer größer?**
  하벤 지 디 블루제 아이네 누머 그뢰써
  이 블라우스 한 치수 더 큰 것 있나요?
- **Haben Sie die Schuhe auch in Rot?**
  하벤 지 디 슈에 아욱흐 인 롵
  이 신발 빨간색으로도 있나요?
- **Haben Sie den Rock in Grau?**
  하벤 지 덴 록 인 그라우
  그 치마 회색으로도 있나요?
- **Haben Sie die Hose eine Nummer kleiner?**
  하벤 지 디 호제 아이네 누머 클라이너
  이 바지 한 치수 더 작은 것 있나요?
- **Haben Sie die Jacke in Orange?**
  하벤 지 디 야케 인 오렁쉬
  그 자켓 주황색으로도 있나요?
- **Kann ich das Hemd in Schwarz anprobieren?**
  칸 이히 다스 헴트 인 슈바–츠 안프로비–렌
  그 셔츠 검은색으로 입어볼 수 있을까요?

MEMO

풀어보기

[01-03] 다음 빈칸에 알맞은 말을 고르세요.

01 Haben Sie das T-Shirt ________ Nummer kleiner?

1) einen
2) eine
3) ein
4) x

02 Der Pullover gefällt mir. Ich kaufe ________.

1) der
2) die
3) das
4) den

03 Ich suche eine Bluse ________.

1) in Weiß
2) in weiß
3) in schwarz
4) im Schwarz

해설

01 ② Nummer는 여성명사입니다! 따라서 eine가 정답입니다.

02 ④ 정관사가 지시대명사 역할을 하는 상황입니다.
Pullover가 남성명사이기 때문에 남성의 4격 den이 정답입니다.

03 ① "~색깔로"라고 할 때 in 색깔(대문자)이므로 in Weiß가 정답입니다.

19 현금으로 계산할게요.

기본 학습

공손한 명령문에 대해 알아봅시다.

독일어의 명령문은 총 3가지 형태가 있습니다. 명령할 수 있는 대상이 세 종류여서 그러합니다. 이 과에서는 Sie(당신/당신들)에게 하는 공손한 명령형을 배워보겠습니다.

동사원형 + Sie

- **Kommen Sie!** [코멘 지] 오세요!
- **Gehen Sie!** [게엔 지] 가세요!
- **Bezahlen Sie!** [베찰렌 지] 계산(지불)하세요!
- **Kaufen Sie ein!** [카우펜 지 아인] 장 보세요!
- **mit der Karte / mit Karte / mit Kreditkarte / mit EC-Karte** 카드로 계산하다
  [마잇 더 카아트 / 에마이티 카아트 / 에마이티 크레딧카아트 / 에마이티 이시 카아트]

독일의 카드는 종류가 다양한데 대표적으로 EC-Karte(체크카드)와 Kreditkarte(신용카드)가 있습니다. 이 카드로 계산하고자 할 때는 전치사 mit를 써서 "~로"라는 뜻을 만들어 줍니다. mit는 3격 지배 전치사이므로 mit 뒤에는 반드시 3격을 쓰셔야 합니다!

- **bar bezahlen** [바 베찰렌] 현금으로 계산하다

*bar는 "현금으로"라는 뜻의 부사입니다.

- **Ich gehe ins Kino.** [이히 게에 인스 키노] 나는 영화관에 간다.
- **Ich gehe besser ins Kino.** [이히 게에 베써 인스 키노] 나는 영화관에 가는 것이 더 좋겠다.

*gut의 비교급은 besser입니다. "더 좋은, 더 잘"이라는 뜻으로도 쓰이지만, 문장 중간에 무심하게 툭 넣으면 "~하는 편이 더 좋겠다"라는 뉘앙스를 줍니다.

상황 연습

독일에서도 카드 결제는 매우 상용화되어 있습니다. 다만 카드에 서명이 되어 있지 않거나 서명이 다르면 결제 거절당할 수도 있어요. 또한 카드 결제 기계에 비밀번호를 직접 입력해야 하는 경우도 있습니다!

A **Kann ich mit EC-Karte bezahlen?**
칸 이히 밑 에체 카-테 베찰렌 — 제가 체크카드로 결제할 수 있을까요?

B **Ja, natürlich.**
야, 나튜얼리히 — 물론이죠.

Hier, geben Sie bitte die PIN-Nummer ein.
히어, 게벤 지 비테 디 핀 누머 아인 — 여기, 비밀번호를 눌러 주세요.

A **Hm... Das ist komisch.**
흠... 다스 이스트 코미쉬 — 흠... 이상하네요.

Die Nummer ist falsch.
디 누머 이스트 팔쉬 — 번호가 틀렸어요.

B **Dann können Sie auch bar bezahlen.**
단 쾨넨 지 아우흐 바 베찰렌 — 그러면 당신은 또한 현금으로 계산하실 수 있어요.

A **Ja, besser bezahle ich bar.**
야, 베써 베찰레 이히 바 — 네, 현금으로 계산하는 게 낫겠어요.

B **Hier haben Sie das Wechselgeld.**
히어 하벤 지 다스 벡셀겔트 — 여기 거스름돈입니다.

Brauchen Sie den Kassenbon?
브라우흔 지 덴 카쎈봉 — 영수증 필요하세요?

A **Ja, bitte.**
야, 비테 — 네, 주세요.

문장 패턴

- **Arbeiten Sie!**
  아-바이텐 지
  일하세요!
- **Schreiben Sie!**
  슈라이벤 지
  쓰세요!
- **Denken Sie!**
  뎅켄 지
  생각하세요!
- **Laufen Sie!**
  라우펜 지
  달리세요!
- **Trinken Sie!**
  트링켄 지
  마시세요!
- **Sehen Sie!**
  제엔 지
  보세요!

MEMO

풀어보기

[01-03] 다음 빈칸에 알맞은 말을 고르세요.

01

Bezahlen Sie ________ der Karte.

1) in
2) mit
3) aus
4) für

02

Sie können ________ bezahlen.

1) Bar
2) bar
3) mit Bar
4) in bar

03

________ Sie auf!

1) Steht
2) Stehen
3) Stehe
4) Steh

해설

01 ② "카드로"라는 뜻의 수단을 나타내는 전치사 mit이 정답입니다.

02 ② "현금으로"라는 뜻의 부사 bar가 정답입니다.

03 ② "일어나세요!"라는 명령문이군요. 동사원형이 필요합니다. 따라서 Stehen이 정답입니다.

이거 교환할 수 있나요?

기본 학습

분리전철

- **Ich gebe dir das Geld zurück.** 나는 너에게 그 돈을 돌려준다.
  [이히 게베 디어 다스 겔트 쭈뤽]
- **Er gibt mir das Buch zurück.** 그는 나에게 그 책을 돌려준다.
  [에어 깁트 미어 다스 부흐 쭈뤽]

*"환불하다"라는 뜻의 단어 zurückgeben은 분리전철 zurück(되돌려)이 붙은 분리동사입니다. 구매활동을 할 때는 "환불하다"라는 뜻이지만, 일상적으로 "돌려주다"라는 뜻도 있습니다. 분리전철은 특정한 뜻을 가져서 동사에 그 뜻을 추가해주는 역할을 합니다.

분리동사

일상적으로 자주 쓰이는 분리동사를 배워 봅시다.

- **nachsehen** [나흐제엔] 살펴 보다, 찾아 보다
- **dabeihaben** [다바이하벤] 소지하다
- **umtauschen** [움타우셴] 교환하다
- **zurücklegen** [쭈뤽레겐] 뒤에 두다, 원래 장소에 두다, 남겨 두다

문장에 뉘앙스를 더하는 부사 halt

독일어에는 한국어로 완벽하게 번역될 수는 없지만 문장에 들어감으로써 문장 전체의 뉘앙스를 추가해 주는 부사들이 있습니다. 그 중 하나인 halt는 "정말로" 혹은 "아마도, 조금"의 뜻으로 쓰입니다. 여기서 "조금"이란 정도를 나타내기 보다는 정말 무의미하게 들어가는 뉘앙스입니다.

- **Er macht halt immer so.** [에어 마흐트 할트 임머 조] 그는 항상 좀 그렇게 해.
- **Das ist halt genug.** [다스 이스트 할트 게눅] 그건 아마 충분할 거야.

공손한 표현 접속법 2식

접속법 2식 추측, 가정, 공손의 표현입니다. 문법적인 자세한 사항은 문법파트에서 더 심도있게 공부하기로 하고, 여기에서는 하나의 덩어리로 외워서 유용하게 쓰는 데에 집중하기로 해요!

- **Ich würde gern** [이히 뷰어데 게안] + ... + 동사원형 — 나는 ~하고 싶어요.
- **Könnten Sie bitte** [쾬텐 지 비테] + ... + 동사원형**?** — 당신은 ~해 주실 수 있나요?

상황 연습

물건을 샀을 때 교환하거나 반품하는 방법도 알아야겠죠? 또한 갑작스러운 상황이 생겨 카운터에 물건을 잠시 맡겨 두고 돈을 뽑으러 가야 할 일이 생길 수도 있지요. 관련 표현을 배워서 실제 상황에서 당황하지 않게 대비해 봅시다!

A **Guten Tag, was kann ich für Sie tun?**
구텐 탁, 바스 칸.이히 퓨어 지 툰 — 안녕하세요. 무엇을 도와드릴까요?

B **Guten Tag. Die Krawatte hier.**
구텐 탁. 디 크라바테 히어 — 안녕하세요. 이 넥타이요.

Die gefällt meinem Mann nicht.
디 게팰트 마이넴 만 니히트 — 이게 제 남편 마음에 안 드네요.

Kann ich die Krawatte vielleicht zurückgeben?
칸 이히 디 크라바테 필라이히트 쭈뤽게벤 — 제가 그 넥타이를 혹시 환불할 수 있을까요?

A **Ich sehe mal nach. Haben Sie die Quittung dabei?**
이히 제에 말 나흐. 하벤 지 디 크비퉁 다바이 — 한번 볼 게요. 영수증 가지고 오셨어요?

B **Hier, bitte.**
히어, 비테 — 여기요.

A **Danke schön. Ok, da gibt es kein Problem,**
당케 쇼엔. 오케이, 다 깁트 에스 카인 프로블렘 — 감사합니다. 네, 문제없어요,

denn Sie sind innerhalb einer Woche wieder da.
덴 지 진트 이너할프 아이너 보헤 비더 다 — 왜냐하면 당신이 1주일 안에 다시 왔기 때문이에요.

B **Prima. Stattdessen würde ich gerne den Schal hier nehmen.**
프리마. 슈탈데쎈 뷔어데 이히 게아네 덴 샬 히어 네-멘
훌륭해요. 그 대신에 제가 여기 이 스카프를 살게요.

Der ist halt für mich.
데어 이스트 할트 퓨어 미히
제가 하려고요.

A **Das geht auch.**
다스 게-트 아우흐
그것도 가능합니다.

Also dann tauschen Sie die Krawatte gegen den Schal um.
알조 단 타우셴 지 디 크라바테 게겐 덴 샬 움
그럼 당신은 이 넥타이를 이 스카프로 교환하시는 거군요.

Aber der Schal kostet 3 Euro mehr als die Krawatte.
아버 데어 샬 코스텔 드라이 오이로 메어 알스 디 크라바테
하지만 이 스카프가 이 넥타이보다 3유로 더 비싸요.

B **Ich gebe Ihnen das Geld. Moment.**
이히 게베 이넨 다스 겔트. 모멘트
제가 돈을 드릴 게요. 잠시만요.

Ich habe kein Bargeld dabei.
이히 하베 카인 바겔트 다바이
현금을 안 가지고 왔네요.

Ich komme gleich wieder.
이히 코메 글라이히 비더
제가 바로 다시 올게요.

Könnten Sie die Ware bitte zurücklegen?
쾬텐 지 디 바레 비테 쭈뤽레겐
상품을 잠시 맡아 주실 수 있나요?

A **Kein Problem.**
카인 프로블렘
문제없습니다.

Der Geldautomat ist gleich da um die Ecke.
데어 겔트아우토마트 이스트 글라이히 다 움 디 에케
현금 인출기는 바로 저기 코너에 있어요.

B **Danke schön. Bin gleich wieder da.**
당케 쇼엔. 빈 글라이히 비더 다
감사합니다. 바로 다시 올게요.

문장 패턴

- **Könnten Sie die Tür bitte aufmachen?**
  퀸텐 지 디 튀어 비테 아우프마흔
  그 문을 열어 주실 수 있을까요?
- **Könnten Sie mir das Buch geben?**
  퀸텐 지 미어 다스 부흐 게벤
  저에게 그 책을 주실 수 있을까요?
- **Könnten Sie mir helfen?**
  퀸텐 지 미어 헬펜
  저를 도와 주실 수 있을까요?
- **Könnten Sie auf mich warten?**
  퀸텐 지 아우프 미히 바-텐
  저를 기다려 주실 수 있을까요?
- **Ich würde gern ein Glas Bier trinken.**
  이히 뷰어데 게안 아인 글라스 비어 트링켄
  저는 한 잔의 맥주를 마시고 싶습니다.
- **Ich würde gern das kaufen.**
  이히 뷰어데 게안 다스 카우펜
  저는 이것을 사고 싶습니다.
- **Ich würde gern die Bluse umtauschen.**
  이히 뷰어데 게안 디 블루제 움타우셴
  저는 이 블라우스를 교환하고 싶습니다.

MEMO

풀어보기

[01-05] 다음 빈칸에 알맞은 말을 고르세요.

01

Ich ________ gern die Krawatte kaufen.

1) würden
2) würde
3) würdest
4) würdet

02

________ Sie die Jacke zurücklegen?

1) Kann
2) Könnten
3) Legen
4) Würde

03

Ich gebe die Ware ________.

1) zu
2) zusammen
3) zurück
4) zulück

04

Er tauscht die Hose gegen den Rock ________.

1) über
2) um
3) zurück
4) auf

05

Ich habe heute das Buch ________.

1) nach
2) zurück
3) dabei
4) um

해설

01 ② 희망을 나타내는 공손한 표현은 Ich würde gern을 사용합니다.

02 ② 당신에게 공손하게 가능성을 묻는 표현은 Könnten을 사용합니다.

03 ③ "돌려주다"는 zurückgeben이므로 zurück가 정답입니다.

04 ② "교환하다"는 umtauschen이므로 um이 정답입니다.

05 ③ "소지하다"는 dabeihaben이므로 dabei가 정답입니다.

03장

독일 한달 살기

MP3

50㎡의 가구가 완비된 집이 필요해요.

기본 학습

독일에서 집을 구할 때 필요한 어휘들에 대해 알아봅시다!

r. 남성 e. 여성

단어	뜻
e. Wohnung [보-눙]	집 (연립주택 같은 일반 집)
e. Warmmiete [밤-미테]	부가세 포함 월세 총액
1-Zimmer-Wohnung [아인 침머 보-눙]	원룸 집
2-Zimmer-Wohnung [츠바이 침머 보-눙]	투룸 집
Nebenkosten [네-벤코스텐]	부대비용 (복수)
mieten [미-텐]	일정 돈을 내고 대여하다, 월세 들어가다
möbliert [뫼블리어트]	가구가 완비된
vermieten [페어미-텐]	일정 돈을 받고 대여해 주다, 세놓다
r. Quadratmeter [크바드라트메터]	제곱미터
r. Mieter(in) [미-터(린)]	세입자
e. Anzeige [안차이게]	광고
r. Vermieter(in) [페어미-터(린)]	집주인
e. Miete [미-테]	월세
e. Kaution [카우치온]	보증금
e. Kaltmiete [칼트미-테]	순수 월세
inklusive [인클루지베]	포함된

je 비교급, desto 비교급 : 더 ~할수록 더 ~하다

- **Je mehr du lernst, desto besser wird dein Deutsch.**
  [예 메어 두 레언스트, 데스토 베써 비어트 다인 도이취]

네가 더 많이 공부할수록 너의 독일어는 더 좋아진다.

*je는 일종의 종속접속사이므로 동사를 후치시켜야 합니다. desto+비교급 다음에는 동사를 위치시켜 주세요!

상황 연습

누구나 한 번쯤 꿈꿔보는 독일에서 살아보기! 가장 중요한 것은 집을 구하는 일이겠죠. 독일은 우리 나라와는 다르게 전세가 없고, 월세도 보증금이 매우 싼 편입니다. 3달치 월세가 보증금인 경우가 많아요. 집을 구할 때 중요한 개념들을 공부해 볼게요!

A **Ich brauche eine 2-Zimmer-Wohnung in der Nähe von Frankfurt.**
이히 브라우헤 아이네 츠바이 침머 보눙 인 데어 내에 폰 프랑크푸어트
나는 프랑크푸르트 근처의 방 2개 짜리 집이 필요해.

B **Für wie lange brauchst du die Wohnung?**
퓨어 비 랑에 브라욱흐스트 두 디 보-눙
그 집이 얼마나 오랫동안 필요해?

A **Für ungefähr einen Monat. Ich habe im Juli eine wichtige Prüfung.**
퓨어 운게페어 아이넨 모나트. 이히 하베 임 율리 아이네 비히티게 프뤼풍
약 한달 동안. 나는 7월에 중요한 시험이 있어.

B **Wie groß soll die Wohnung sein?**
비 그로스 졸 디 보눙 자인
그 집이 얼마나 커야 하니?

A **Sie sollte 50 Quadratmeter groß und voll möbliert sein.**
지 졸테 퓐프치히 크바드라트메터 그로스 운트 폴 뫼블리어트 자인
50㎡ 정도는 커야 하고 가구가 완비되어 있어야 해.

Und die Miete. Je billiger, desto besser.
운트 디 미-테. 예 빌리거, 데스토 베써
그리고 월세. 싸면 쌀수록 더 좋아.

B **Hier, in der Anzeige ist eine Wohnung.**
히어, 인 데어 안차이게 이스트 아이네 보-눙
여기, 광고에 집이 하나 있어.

Leider ist sie etwas weit von dem Stadtzentrum entfernt.
라이더 이스트 지 에트바스 바이트 폰 뎀 슈탙첸트룸 엔트페언트
유감스럽게도 도시 중심가와는 조금 멀리 떨어져 있어.

Aber sehr günstig.
아버 재어 귄스티히
하지만 매우 저렴해.

Die Kaltmiete kostet nur 380 Euro!
디 칼트미-테 코스텔 누어 드라이 훈더-트 악흐치히 오이로
순 임대료가 380유로 밖에 안 해!

A **Was meinst du mit „Kaltmiete“?**
바스 마인스투 두 밑 칼트미-테
순 임대료가 무슨 뜻이야?

B **Die Kaltmiete bedeutet, man bezahlt die Miete und dazu noch die Nebenkosten.**
디 칼트미-테 베도이텔, 만 베찰트 디 미-테 운트 다추 녹흐 디 네-벤코스텐
순 임대료라는 말은, 임대료를 내고 거기에 추가적으로 부가세를 낸다는 뜻이야.

Hingegen ist die Warmmiete.
힌게겐 이스트 디 밤-미테
반대로 총 임대료가 있어.

Die Warmmiete bedeutet, alles ist inklusive.
디 밤-미테 베도이텔, 알레스 이스트 인클루지베
총 임대료는 모든 것이 포함되어 있다는 뜻이야.

A **Ach so, gut zu wissen.**
악흐, 조, 굳 쭈 비센
아 그래, 알기에 좋은 정보구나.

Danke für die Infos!
당케 퓨어 디 인포스
정보를 줘서 고마워!

- **Wie viel kostet die Miete?**
  비 필 코스텔 디 미-테
  월세가 얼마인가요?
- **Wie viel kostet die Warmmiete?**
  비 필 코스텔 디 밤-미테
  월세 총액이 얼마인가요?
- **Wie viel kosten die Nebenkosten?**
  비 필 코스텐 디 네-벤코스텐
  부대비용이 얼마인가요?
- **Je schneller, desto besser.**
  예 슈넬러, 데스토 베써
  빠르면 빠를수록 더 좋다.
- **Je günstiger, desto besser.**
  예 귄스티거, 데스토 베써
  저렴하면 저렴할수록 더 좋다.
- **Je mehr Freunde man hat, desto glücklicher ist man.**
  예 메어 프러인데 만 핱, 데스토 글뤽클리혀 이스트 만
  더 많은 친구들을 가질수록 사람은 더 행복하다.

풀어보기

[01-03] 다음 빈칸에 알맞은 말을 고르세요.

01

Je billiger, desto ________.

1) gut
2) best
3) besser
4) am besten

02

Die Stadt ist in der Nähe ________ Frankfurt.

1) an
2) bei
3) in
4) von

03

Die Warmmiete ist die Kaltmiete plus die ________.

1) Miete
2) Nebenmiete
3) Nebenkosten
4) Kaltkosten

해설

01 ③ je 비교급+desto 비교급이므로 besser가 정답입니다.

02 ④ "~의 근처에"라는 표현은 in der Nähe von이므로 von이 정답입니다.

03 ③ Warmmiete는 Kaltmiete에 Nebenkosten이 더해진 것이므로 Nebenkosten이 정답입니다.

오늘도 비가 오네요.

기본 학습

날씨 표현을 배워봅시다! 날씨를 표현할 때는 비인칭주어 es를 사용합니다. 이 비인칭 주어는 도치되어도 생략되지 않습니다.

- **Wie ist das Wetter?**
  [비 이스트 다스 베터]
  날씨가 어때요?
- **Es ist schön.**
  [에스 이스트 쇼엔]
  날씨가 좋아요.
- **Die Sonne scheint.**
  [디 조네 샤인트]
  햇빛이 쨍쨍해요.
- **Es regnet.**
  [에스 레그넽]
  비가 와요.
- **Es schneit.**
  [에스 슈나이트]
  눈이 와요.
- **Es ist windig.**
  [에스 이스트 빈디히]
  바람이 불어요.
- **Es ist bewölkt / wolkig / bedeckt.**
  [에스 이스트 베뵐크트 / 볼키히 / 베데크트]
  구름이 꼈어요.
- **Es ist warm / heiß / kühl / kalt.**
  [에스 이스트 밤 / 하이스 / 퀼 / 칼트]
  따뜻해요. / 더워요. / 시원해요. / 추워요.
- **Es ist schwül.**
  [에스 이스트 슈뷜]
  후덥지근해요.
- **Es hagelt.**
  [에스 하겔트]
  우박이 내려요.

- **Es kommt ein Gewitter.**
  [에스 콤트 아인 게비터] 악천후가 오고 있어요.
- **Es donnert.**
  [에스 도너트] 천둥이 쳐요.
- **Es blitzt.**
  [에스 블리츠트] 번개가 쳐요.
- **Es ist feucht.**
  [에스 이스트 포이히트] 습해요.

*독일은 Ⓢ Gewitter(악천후)가 자주 옵니다. 돌풍을 동반한 비바람인데요, 특히 북부 지역에서 흔한 자연 현상입니다. 일기예보에도 자주 등장하는 표현이니 꼭 알아둡시다!

제안 및 동의 표현

〈제안할 때〉

gehen + 동사원형 (후치) : ~하러 가다 / Wollen wir + 동사원형 (후치)? : ~할래?

〈동의할 때〉

- **Das ist eine gute Idee.**
  [다스 이스트 아이네 구테 이데] 좋은 생각이야!
- **Das hört sich gut an.**
  [다스 회어트 지히 굳 안] 그거 좋은데.
- **Das klingt gut.**
  [다스 클링트 굳] 그거 좋은데.
- **Ich bin deiner Meinung.**
  [이히 빈 다이너 마이눙] 나는 너의 의견이야.

상황 연습

독일에 살다 보면 일기예보를 잘 봐야 하는데요. 날씨가 맑다가도 갑자기 천둥번개가 치는 일이 잦기 때문입니다. 날씨에 관련된 표현을 배워서 스몰 토크에도 한번 적용해 보아요!

A **Wie ist das Wetter heute?**
비 이스트 다스 베터 호이테
오늘 날씨가 어때?

B **Es regnet sehr stark.**
에스 레그넽 제어 슈타-크
비가 매우 강하게 와.

Teilweise donnert es sogar.
타일바이제 도너트 에스 조가
부분적으로는 심지어 천둥도 쳐.

A **So ein schlechtes Gewitter.**
조 아인 슐레히테스 게비터
뭐 이리 나쁜 악천후가.

Es ist nicht mehr warm.
에스 이스트 니히트 메어 밤
더 이상 따뜻하지가 않다.

B **Ja, aber es ist zu feucht.**
야, 아버 에스 이스트 추 포이히트
응. 하지만 너무 습해.

A **Wie ist das Wetter morgen dann?**
비 이스트 다스 베터 모어겐 단
그럼 내일 날씨는 어때?

B **Gott sei Dank.**
곹 자이 당크
다행이야.

Morgen scheint die Sonne wieder!
모어겐 샤인트 디 조네 비더
내일은 햇빛이 다시 비춰!

A **Wollen wir im Park spazieren gehen?**
볼렌 비어 임 파크 슈파치-렌 게엔
우리 공원에 산책하러 갈까?

B **Das ist eine gute Idee!**
다스 이스트 아이네 구테 이데
좋은 생각이야!

Ich bringe Getränke mit.
이히 브링에 게트랭케 밑
내가 음료를 챙겨 갈게.

A **Das hört sich gut an.**
다스 회어트 지히 굳 안
그거 좋은걸.

Dann bringe ich auch etwas zum Essen mit.
단 브링에 이히 아우흐 에트바스 춤 에센 밑
그럼 나는 뭔가 먹을 것을 가져갈게.

문장 패턴

- Wie ist das Wetter **heute?**
  비 이스트 다스 베터 호이테 — 오늘 날씨 어때요?
- Wie ist das Wetter **morgen?**
  비 이스트 다스 베터 모어겐 — 내일 날씨 어때요?
- Wie ist das Wetter **am Montag?**
  비 이스트 다스 베터 암 몬탁 — 월요일 날씨 어때요?
- Wollen wir **ins Kino gehen?**
  볼렌 비어 인스 키노 게엔 — 영화관에 갈까요?
- Wollen wir **in die Disco gehen?**
  볼렌 비어 인 디 디스코 게엔 — 클럽에 갈까요?
- Wollen wir **in ein Restaurant gehen?**
  볼렌 비어 인 아인 레스터렁 게엔 — 한 레스토랑으로 갈까요?
- Wollen wir **im Sommer eine Reise machen?**
  볼렌 비어 임 좀머 아이네 라이제 마흔 — 여름에 여행 할까요?
- Das ist eine super Idee!
  다스 이스트 아이네 주퍼 이데 — 아주 멋진 아이디어야!
- Das ist keine gute Idee.
  다스 이스트 카이네 구테 이데 — 그건 좋은 생각이 아니야.
- Das hört sich nicht gut an.
  다스 회어트 지히 니히트 굳 안 — 그 의견은 좋지 않아.

풀어보기

[01-05] 다음 빈칸에 알맞은 말을 고르세요.

01

Das hört sich gut ________.

1) auf
2) an
3) ein
4) in

02

________ ist das Wetter?

1) Was
2) Wo
3) Wie
4) Wer

03

________ wir zusammen schwimmen gehen?

1) Müssen
2) Wollen
3) Sollen
4) Dürfen

04

Es ________ stark.

1) windig
2) scheinen
3) hagelt
4) feucht

05

Die ________ scheint.

1) Wolke
2) Sonne
3) Wohnung
4) Gewitter

해설

01 ② "~하게 들린다"라는 뜻의 단어는 sich anhören입니다. 따라서 an이 정답입니다.

02 ③ 날씨를 묻는 의문사는 Wie입니다.

03 ② "~하러 갈래?"라고 제안할 때는 [Wollen wir + 동사원형?]의 형식을 씁니다. 나머지 화법 조동사들이 들어가도 문법적으로는 틀리지 않으나, 가장 맞는 것을 고르자면 Wollen wir 제안 화법이 가장 적절합니다.

04 ③ stark는 "강하게"라는 뜻이므로 주어와 맞게 쓸 수 있는 동사는 hagelt 입니다. ② scheinen은 들어갈 수 없고, ①, ④는 sein동사인 ist가 추가되어야 쓸 수 있습니다.

05 ② "햇빛이 쨍쨍하다"이므로 Sonne가 맞습니다.

기온이 12도에서 20도 사이예요.

기본 학습

기온을 표현하는 방법

날씨와 마찬가지로 비인칭주어인 es를 씁니다. 기온이 1도, 0도, -1도 일 때는 단수취급이 되어서 Es ist ~ Grad.라고 표현합니다. 하지만 2도 이상일 경우는 복수가 되므로 Es sind ~ Grad.라고 표현해야 합니다.

개인의 감정/감각 표현의 es

sein동사가 생각보다 엄격하답니다. 그래서 주어의 성질과 상태를 설명할 때 쓰지만, 한국인이 자주 하는 실수가 "나는 더워요." "나는 심심해요." 등의 문장을 작문할 때예요.

엄밀히 보자면 덥고 심심한 것은 '나'라는 주어의 속성이 아닌, 주위 환경에 의해 생겨난 감정이나 감각에 해당하는 것입니다. 따라서 이런 표현을 할 때 Ich bin heiß. / Ich bin langweilig. 라고 표현하면 "나는 핫해요(섹시해요)." "나는 지루한 사람이에요."라는 뜻이 되어 버려요.

그래서 이럴 때 주어는 Es로 취합니다. 이러한 Es는 문장 맨 앞에 있을 때만 쓰이며, 다른 문장 성분이 도치될 경우 생략된다는 게 매우 중요합니다.

- Es ist mir langweilig. [에스 이스트 미어 랑바일리히] 나는 심심해요.
  = Mir ist langweilig. [미어 이스트 랑바일리히]

재귀동사 ändern : 변하다

ändern은 원래 타동사로서 "~을 변화시키다"라는 뜻을 가진 동사입니다. 하지만 이 동사를 재귀용법으로 쓰면 주어가 스스로를 변화시키는 것이 되므로 "변하다"라는 뜻이 됩니다.

• 재귀대명사

1격 인칭대명사	3격 재귀대명사	4격 재귀대명사
ich	mir	mich
du	dir	dich
er/sie/es	sich	
wir	uns	
ihr	euch	
sie/Sie	sich	

상황 연습

독일에서도 일교차에 유의해야겠죠! 날씨와 기후에 관련된 표현을 배워 봅시다. 독일인들이 기후 변화에 워낙 관심이 많아서 스몰 토크에도 유용한 표현들일 거예요!

A **Darf ich die Klimaanlage anschalten?**
다-프 이히 디 클리마안라게 안샬텐
내가 에어컨을 켜도 될까?

B **Ist dir so warm?**
이스트 디어 조 밤
너 그렇게 더워?

Mir ist nicht so warm, **sondern eher kühl.**
미어 이스트 니히트 조 밤, 존던 에어 퀼
나는 그렇게 덥지 않고 오히려 시원해.

A **Aber** es sind 30 Grad **draußen!**
아버 에스 진트 드라이씨히 그라트 드라우센
하지만 밖은 30도야!

B **Das stimmt. Normalerweise ist es in dieser Zeit nicht so.**
다스 슈팀트. 노말러바이제 이스트 에스 인 디저 차이트 니히트 조
맞아. 보통 이 시기에 이러지 않은데.

Die Temperaturen liegen meistens zwischen 12 und 20 Grad.
디 템퍼라투렌 리겐 마이스텐스 츠비셴 츠뵐프 운트 츠반치히 그라트
기온이 보통 12도에서 20도 사이야.

A **Ja,** unglaublich heiß ist es.
야, 운글라우플리히 하이스 이스트 에스
응. 믿을 수 없을 정도로 더워.

B **Stimmt. Willst du ein Eis?**
슈팀트. 빌스트 두 아인 아이스
맞아. 아이스크림 하나 먹을래?

A **Oh, ja! gerne!**
오, 야 게아네
오, 응! 좋아!

B Das Klima ändert sich **so schnell.**
다스 클리마 앤더트 지히 조 슈넬
기후가 정말 빠르게 변화하네.

A **Ja, ich habe Angst vor dem Klimawandel.**
야, 이히 하베 앙스트 포어 뎀 클리마반델
응, 기후 변화가 무서워.

- **Mir ist zu heiß heute.**
  미어 이스트 쭈 하이스 호이테
  나 오늘 너무 더워.
- **Mir ist langweilig.**
  미어 이스트 랑바일리히
  나 심심해.
- **Ist dir auch langweilig?**
  이스트 디어 아욱흐 랑바일리히
  너도 심심하니?
- **Draußen sind es 12 Grad.**
  드라우센 진트 에스 츠뵐프 그라트
  바깥은 12도입니다.
- **Max sagt, er ändert sich.**
  막스 작트, 에어 앤더트 지히
  막스가 말하기를, 그는 변할 것이다.
- **Die Kinder ändern sich sehr schnell.**
  디 킨더 앤던 지히 제어 슈넬
  아이들은 매우 빠르게 변한다.

MEMO

풀어보기

[01-03] 다음 빈칸에 알맞은 말을 고르세요.

01

Das Wetter ________ ________.

1) ändern sich
2) ändert sich
3) ändert das
4) ändert ihm

02

Es ist ________ sehr heiß.

1) mich
2) ihn
3) ihm
4) dich

03

Die Menschen ________ ________.

1) ändern sich
2) ändert sich
3) ändert das
4) ändert ihm

해설

01 ② 주어가 3인칭 단수이기 때문에 ändert sich가 정답입니다.

02 ③ 신체적 감각이나 감정을 나타낼 때는 인칭대명사 3격이므로 ihm이 정답입니다.

03 ① 주어가 3인칭 복수이기 때문에 ändern sich로 써줘야 합니다.

여기 병원은 어디예요?

기본 학습

길 묻기

길을 물을 때는 우선 상대방에게 Entschuldigung! / Entschuldigen Sie! "실례합니다"라고 인사한 뒤 본론을 묻습니다.

1) **Wie komme ich zu + 장소?** : zu는 "~로"라는 뜻의 전치사로서 3격을 받습니다. 따라서 장소에 해당하는 명사는 3격의 형태로 위치하게 됩니다.

예 Wie komme ich zur **Kirche**? [비 코메 이히 쭈어 키어헤] 교회에 어떻게 가나요?
= Wie komme ich zu **der Kirche**? [비 코메 이히 쭈 데어 키어헤]

2) **Wo ist + 장소?** : 가장 간단한 표현으로서 "~는 어디에 있습니까?"라는 뜻입니다. 장소는 여기에서 주어이기 때문에 1격 형태로 쓰게 됩니다.

예 Wo ist **der Dom**? [보 이스트 데어 돔] 그 대성당은 어디에 있습니까?

3) **Wo finde ich + 장소?** : "~를 어디에서 찾을 수 있습니까?"라는 뜻의 문장으로서 장소를 4격 형태로 씁니다.

예 Wo finde ich **den Supermarkt**? 그 슈퍼마켓을 어디에서 찾을 수 있습니까?
[보 핀데 이히 덴 주퍼마-크트]

탈것 표현

교통수단	~을 타다	~을 타고 가다
das Taxi 택시	das/ein Taxi nehmen	mit dem Taxi fahren
der Bus 버스	den Bus nehmen	mit dem Bus fahren
die U-Bahn 지하철	die U-Bahn nehmen	mit der U-Bahn fahren
der Zug 기차	den Zug nehmen	mit dem Zug fahren
die S-Bahn 고속 철도	die S-Bahn nehmen	mit der S-Bahn fahren
die Straßenbahn 트램	die Straßenbahn nehmen	mit der Straßenbahn fahren
das Flugzeug 비행기	das Flugzeug nehmen	mit dem Flugzeug fliegen

*걸어서: zu Fu ß

상황 연습

길을 묻고 답하는 표현을 배워 봅시다.

A **Entschuldigung. Darf ich Sie etwas fragen?**
엔츌디궁. 다-프 이히 지 에트바스 프라겐 실례합니다. 뭐 좀 여쭤봐도 될까요?

B **Ja, gerne.**
야, 게아네 네, 그러세요.

A **Wie komme ich zum Uni-Klinikum?**
비 코메 이히 쭘 우니 클리니쿰 제가 대학 병원에 어떻게 갈 수 있을까요?

B **Sie können die U-Bahn nehmen.**
지 쾨넨 디 우반 네멘 지하철을 타실 수 있어요.

Die Linie 1 nehmen Sie von hier und so drei oder vier Stationen.
디 리니에 아인스 네멘 지 폰 히어 운트 조 드라이 오더 피어 슈타찌오넨
여기에서 1호선을 타고 한 3~4정거장 가세요.

A **Kann man nicht zu Fuß gehen?**
칸 만 니히트 쭈 푸스 게엔 걸어서는 못 가나요?

B **Doch schon. Aber es dauert lange.**
독흐 숀. 아버 에스 다우어트 랑에 아니요, 갈 수 있죠. 하지만 오래 걸려요.

Mit der U-Bahn dauert es maximal nur 10 Minuten.
밑 데어 우반 다우어트 에스 막시말 누어 첸 미누텐 지하철로는 최대 10분 밖에 안 걸려요.

A **Und zu Fuß dauert es viel länger?**
운트 쭈 푸스 다우어트 에스 필 랭어 그리고 걸어서는 훨씬 오래 걸리나요?

B **Glaube ich schon.**
글라우베 이히 숀 아마 그럴 거라고 생각해요.

Mindestens mehr als 25 Minuten.
민데스텐스 메어 알스 퓐프 운트 츠반치히 미누텐 적어도 25분 이상은 걸려요.

A **Dann nehme ich lieber die U-Bahn.**
단 네메 이히 리버 디 우반 그러면 저는 차라리 지하철을 타겠어요.

Vielen Dank für Ihre Hilfe.
필렌 당크 퓨어 이어레 힐페 도와 주셔서 감사합니다.

B **Gern.**
게언 천만에요.

문장 패턴

- **Wie komme ich zum Marktplatz?**
  비 코메 이히 쭘 마–크트플라츠
  시장터에 어떻게 갑니까?
- **Wie komme ich zum Hauptbahnhof?**
  비 코메 이히 쭘 하우프트반호프
  중앙역에 어떻게 갑니까?
- **Wie komme ich zum Rathaus?**
  비 코메 이히 쭘 라트하우스
  시청에 어떻게 갑니까?
- **Wo ist die Universität?**
  보 이스트 디 우니베아지탵
  대학교가 어디에 있습니까?
- **Wo ist die Post?**
  보 이스트 디 포스트
  우체국은 어디에 있습니까?
- **Wo ist die Berlinerstraße?**
  보 이스트 디 베알리너슈트라쎄
  베를리너슈트라세(길 이름)은 어디에 있습니까?
- **Wo finde ich die Bank?**
  보 핀데 이히 디 방크
  은행은 어디에서 찾을 수 있습니까?
- **Wo finde ich den Flughafen?**
  보 핀데 이히 덴 플룩하펜
  공항은 어디에서 찾을 수 있습니까?

MEMO

풀어보기

[01-03] 다음 빈칸에 알맞은 말을 고르세요.

01

Wo ist ________ Schule?

1) der
2) den
3) die
4) das

02

Wie komme ich ________ Flughafen?

1) zu
2) zur
3) zum
4) zu den

03

Wo finde ich ________ Rathaus?

1) der
2) den
3) die
4) das

해설

01 ③ 학교는 여성명사이므로 여성 1격 die를 사용합니다.

02 ③ 공항은 남성명사이므로 zum을 사용합니다.

03 ④ 시청은 중성명사이므로 das를 사용합니다.

검은 색 겨울 코트를 사고 싶어요.

기본 학습

형용사의 어미 변화

1격과 4격의 형용사 어미 변화 형태를 살펴봅시다.

	남성	여성	중성	복수
1격	der + 형용사e ein + 형용사er kein + 형용사er	die + 형용사e eine + 형용사e keine + 형용사e	das + 형용사e ein + 형용사es kein + 형용사es	die + 형용사en x + 형용사e keine + 형용사en
4격	den + 형용사en einen + 형용사en keinen + 형용사en	die + 형용사e eine + 형용사e keine + 형용사e	das + 형용사e ein + 형용사es kein + 형용사es	die + 형용사en x + 형용사e keine + 형용사en

- **Der tolle Mann ist mein Freund.** 그 멋진 남자는 나의 남자친구이다.
  [데어 톨레 만 이스트 마인 프러인트]
- **Da steht ein toller Mann.** 저기에 한 멋진 남자가 서 있다.
  [다 슈테-트 아인 톨러 만]
- **Ich kenne den tollen Mann.** 나는 그 멋진 남자를 안다.
  [이히 케네 덴 톨렌 만]
- **Ich lerne einen tollen Mann kennen.** 나는 한 멋진 남자를 알게 된다.
  [이히 레어네 아이넨 톨렌 만 케넨]

Was für 와 Welch－

Was für는 "어떤~"이라는 뜻의 의문사로서 사물이나 사람의 성질을 물을 때 씁니다. 대답할 때는 부정관사로 대답합니다. Welch－는 "이것들 중 무엇~"이라는 뜻의 의문사로서 정해진 것들 중에 고르는 답을 요청할 때 씁니다. 대답할 때는 정관사로 대답합니다.

Q. **Was für eine Jacke suchst du?** 너는 어떤 종류의 자켓을 찾고 있니?
[바스 퓨어 아이네 야케 죽흐스트 두]

A. **Ich suche eine blaue Jacke.** 나는 하나의 파란 자켓을 찾고 있어.
[이히 죽헤 아이네 블라우에 야케]

Q. **Welche Jacke findest du besser?** 어떤 자켓이 더 낫다고 생각하니?
[뷀헤 야케 핀데스트 두 베써]

A. **Ich finde die blaue Jacke besser.** 나는 그 파란 자켓이 더 낫다고 생각해.
[이히 핀데 이 블라우에 야케 베써]

상황 연습

많은 사람들이 말하기를, 독일어는 형용사의 어미 변화가 어렵다고 합니다. 형용사가 수식하는 명사의 성과 격이 다양하기 때문인데요, 규칙을 익히고 나면 오히려 논리적이고 쉬운 것이 형용사의 어미 변화이지요. 형용사를 어떻게 변화시키는지 옷 이야기를 하면서 살펴볼까요?

A **Brrr. Es ist schon kalt.**
브르르. 에스 이스트 숀 칼트 으으(추울 때 내는 감탄사). 벌써 날씨가 춥다.

B **Bald kommt ja der kalte Winter.**
발트 콤트 야 데어 칼테 빈터 곧 추운 겨울이 오잖아.

A **Ich muss mir jetzt wirklich einen Mantel kaufen.**
이히 무스 미어 예츠트 비어클리히 아이넨 만텔 카우펜 이제 진짜 코트 하나 사 입어야겠어.

B **Was für einen Mantel möchtest du kaufen?**
바스 퓨어 아이넨 만텔 뫼히테스트 두 카우펜 어떤 종류의 코트를 사고 싶어?

A **Ich möchte einen schwarzen Wintermantel kaufen.**
이히 뫼히테 아이넨 슈바－첸 빈터만텔 카우펜 나는 하나의 검은색 겨울 코트를 사고 싶어.

B **Da sind die schwarzen Mäntel.**
다 진트 디 슈바-첸 맨텔
여기에 검은색 코트들이 있다.

Einer ist relativ kürzer als anderer.
아이너 이스트 렐라티프 퀴어처 알스 안더러
하나는 비교적 다른 것보다 짧구나.

Welchen Mantel möchtest du lieber?
벨혠 만텔 뫼히테스트 두 리버
어떤 코트를 너는 더 가지고 싶니?

A **Den längeren Mantel gefällt mir besser.**
덴 랭어렌 만텔 게팰트 미어 베써
그 더 긴 코트가 나에게 더 마음에 들어.

Ich möchte mich warm anziehen.
이히 뫼히테 미히 밤 안치엔
왜냐하면 나는 따뜻하게 옷을 입고 싶어.

B **Ich finde auch den langen Mantel besser als den kurzen.**
이히 핀데 아우흐 덴 랑엔 만텔 베서 알스 덴 쿠어첸
나도 저 긴 코트가 저 짧은 것보다 낫다고 생각해.

문장 패턴

- **Eine große Wohnung hat viele Zimmer.**
  아이네 그로세 보눙 할 필레 침머
  하나의 큰 집은 많은 방들을 가지고 있다.
- **Er hat eine schwere Aufgabe.**
  에어 할 아이네 슈베어레 아우프가베
  그는 하나의 어려운 과업을 가졌다.
- **Das gelbe Auto ist zierlich.**
  다스 겔베 아우토 이스트 치얼리히
  그 노란색 자동차는 귀엽다.
- **Ich habe ein neues Fahrrad.**
  이히 하베 아인 노이에스 파라트
  나는 하나의 새 자전거를 가졌다.
- **Sie braucht praktische Schuhe.**
  지 브라우흐트 프락티셰 슈에
  그녀는 실용적인 신발이 필요하다.
- **Ich habe keine schlechten Freunde.**
  이히 하베 카이네 슐레히텐 프러인데
  나는 나쁜 친구들이 없다.

풀어보기

[01-03] 다음 빈칸에 알맞은 말을 고르세요.

01

Viel ________ Studenten kommen aus China.

1) e
2) en
3) er
4) es

02

Der klein ________ Mann hat ein Kind.

1) e
2) en
3) er
4) es

03

Lieben Sie klassisch ________ Musik?

1) e
2) en
3) er
4) es

해설

01 ① 복수명사 1격이므로 e가 정답입니다.

02 ① 정관사+남성 1격이므로 e가 정답입니다.

03 ① 여성명사 4격이므로 e가 정답입니다.

여기에서는 담배를 피우면 안 돼요!

기본 학습

명령문

독일어의 명령문에는 3가지 형태가 있습니다. 자세한 것은 〈내첫독 독일어 문법〉을 참조하세요! 오늘은 상대가 Du일 때 명령형을 간단히 살펴보도록 합니다.

du 명령형 형태: 어간! (주어, -st, 불규칙 동사의 Umlaut 생략)

예 Fahr! 운전해!/(탈 것을) 타고 가!　　Geh! 가!　　Sieh! 봐!　　Mach! 해!

* 명령문에서는 명령의 의미를 부드럽고 자연스럽게 만들어 주는 부사를 함께 씁니다.
mal : 한번, 좀 / doch : 좀

예 Sieh mal! 봐 봐!　　Komm doch! 좀 와!

허가/금지의 화법조동사

• dürfen : ~해도 좋다 (부정 시: 금지)

ich	darf	wir	dürfen
du	darfst	ihr	dürft
er/sie/es/man	darf	sie/Sie	dürfen

종속접속사

• dass : ~가 ~라는 것 (문장의 동사 후치!)

dass는 종속절을 이끄는 접속사입니다. 영어의 that절에 해당합니다. 주절과 연결할 때 반드시 쉼표를 찍습니다. 동사를 후치시켜야 하는데 말할 때는 동사 후치가 생각보다 어렵기 때문에 많은 예문을 만들어서 연습해보도록 합니다.

부사

• quasi : 말하자면, 거의, 흡사, 외견상으로는

"~와 다름이 없다"라는 뜻으로 말하고 싶을 때 붙이는 부사입니다. 상당히 자주 쓰이는 부사입니다.

상황 연습

독일도 많은 구역에서 금연 정책이 시행되고 있습니다. 특히 지붕이 있는 음식점과 카페, 술집 등지에서는 담배를 피우면 안 되는데요. 살다 보면 마주하게 되는 다양한 금지 항목들을 어떻게 표현하는지 잘 알아 둬야 곤란한 상황을 피할 수 있겠죠! 허가/금지의 화법 조동사 dürfen과 함께 합니다.

A **Moment mal. Sieh mal das Schild!**
모멘트 말. 지 말 다스 쉴트 — 잠깐만. 저 표지판을 봐!

B **Da ist eine Zigarette.**
다 이스트 아이네 치가레테 — 하나의 담배가 있군.

A **Nicht nur das.**
니히트 누어 다스 — 그것 뿐만이 아니야.

Das Schild zeigt, dass man hier nicht rauchen darf.
다스 쉴트 차이크트, 다스 만 히어 니히트 라우흔 다-프
그 표지판은, 여기에서 담배를 피우면 안 된다는 것을 보여주고 있어.

B **Muss man hier die Zigarette ausmachen?**
무스 만 히어 디 치가레테 아우스마흔 — 그럼 여기에서 담배를 꺼야 해?

A **Ja, das MUSS man!**
야, 다스 무스 만 — 응, 그래야만 해!

Hier darf man auf keinen Fall rauchen!
히어 다-프 만 아우프 카이넨 팔 라욱헨 — 여기에서는 담배를 피울 수 없어!

B **Ok. Das mache ich. Oh, guck mal!**
오케이. 다스 막헤 이히. 오, 쿠크 말 — 알았어. 그럴게. 오, 저거 봐!

Da steht eine Person auf dem Radweg!
다 슈테-트 아이네 페어존 아우프 뎀 라트벡 — 저기에 자전거 도로 위에 한 사람이 서 있어!

A **Oh, das ist ja gefährlich!**
오, 다스 이스트 야 게패일리히
아, 이거 위험한데!

B **Man muss nur auf dem Gehweg laufen, nicht wahr?**
만 무스 누어 아우프 뎀 게-벡 라우펜, 니히트 바
사람들은 보행자 도로에서 걸어야지, 그렇지 않아?

A **Du hast Recht.**
두 하스트 레히트
맞아.

Ein Radweg gilt quasi als eine Autostraße.
아인 라트벡 길트 크바지 알스 아이네 아우토슈트라세
자전거 도로는 거의 자동차 도로로 여겨지는 것이나 다름이 없어.

문장 패턴

- **Du darfst nicht spät ins Bett gehen.**
  두 다-프스트 니히트 슈팯 인스 벹 게엔
  너는 늦게 잠자리에 들면 안 돼.
- **Sie dürfen nicht ausgehen.**
  지 듀어펜 니히트 아우스게엔
  당신은 외출해서는 안 됩니다.
- **Ich weiß, dass du hübsch bist.**
  이히 바이스, 다스 두 휩쉬 비스트
  나는 네가 예쁘다는 것을 알고 있다.
- **Er sagt, dass er krank ist und nicht zur Arbeit kommt.**
  에어 작트, 다스 에어 크랑크 이스트 운트 니히트 쭈어 아-바이트 콤트
  그는 그가 아프고 회사에 오지 않는다고 말한다.
- **Wir dürfen nicht mehr hier bleiben.**
  비어 듀어펜 니히트 메어 히어 블라이벤
  우리는 더 이상 여기에 머물러서는 안 된다.
- **Er versteht, dass ich am Montag nicht ins Kino gehen darf.**
  에어 페어슈텔, 다스 이히 암 몬탁 니히트 인스 키노 게엔 다-프
  그는 내가 월요일에 영화관에 가면 안 된다는 것을 이해한다.

풀어보기

[01-03] 다음 빈칸에 알맞은 말을 고르세요.

01

Heute ________ ich lange fernsehen.

1) darf
2) dürfe
3) durfe
4) darfe

02

Du ________ in der Schule rauchen.

1) darf
2) darf nicht
3) darfst
4) darfst nicht

03

Der Radweg ist ________ eine Autostraße.

1) quazi
2) quais
3) quasi
4) quaji

해설

01 ① ich의 활용 형태는 darf가 됩니다.

02 ④ du의 활용 형태는 darfst이고, 학교에서는 흡연하면 안 되므로 darfst nicht가 되어야 합니다.

03 ③ 대략 "~와 다를 바가 없다"라는 뜻의 부사는 quasi입니다.

어디에서 갈아타야 하죠?

기본 학습

하루를 나타내는 표현

아침에	am Morgen	morgens
오전에	am Vormittag	vormittags
정오에	am Mittag	mittags
오후에	am Nachmittag	nachmittags
저녁에	am Abend	abends
밤에	in der Nacht	nachts

시간 표현

~시에	um 시간 Uhr
~시 즈음에	gegen 시간 Uhr
몇 시에 ~?	Um wie viel Uhr ~?

기타

타다	einsteigen
내리다	aussteigen
갈아타다	umsteigen

독일은 기차가 이동수단으로서 굉장히 발달한 나라입니다. 비록 연착이나 고장 등의 이벤트도 생각보다 많지만 말이죠. 독일에서는 기차역에서 역무원과 대화할 일이 생각보다 많이 일어납니다.

A **Hallo, ich möchte morgen um 10 Uhr am Vormittag nach Ulm fahren.**
할로, 이히 뫼히테 모어겐 움 첸 우어 암 포어미탁 나흐 울음 파렌
안녕하세요, 저는 내일 오전 10시즘에 울름으로 가고 싶어요.

B **Einfach oder hin und zurück?**
아인파흐 오더 힌 운트 쭈뤽
편도요, 왕복이요?

A **Wie bitte?**
비 비테
뭐라고요?

B **Nur hin oder hin und zurück wollen Sie?**
누어 힌 오더 힌 운트 쭈뤽 볼렌 지
가는 편만이요, 아니면 갔다 오는 것을 원하세요?

A **Ach, hin und zurück bitte.**
악흐, 힌 운트 쭈뤽 비테
아, 왕복 부탁드려요.

B **Sie müssen einmal umsteigen.**
지 뮤쎈 아인말 움슈타이겐
한 번 갈아타셔야 합니다.

A **Wo muss ich umsteigen?**
보 무스 이히 움슈타이겐
어디에서 갈아타야 하죠?

B **In Köln. Hier ist Ihr Fahrplan.**
인 쾰은. 히어 이스트 이어 파-플란
쾰른에서요. 여기에 운행 일정표예요.

A **Ach so. Vielen Dank.**
악흐 조. 필렌 당크
아 그렇군요. 감사합니다.

문장 패턴

- **Am Morgen stehe ich um 7 Uhr auf.**
  암 모어겐 슈테에 이히 움 지벤 우어 아우프
  아침에 나는 7시에 일어납니다.
- **Am Vormittag lerne ich Deutsch.**
  암 포어미탁 레어네 이히 도이취
  오전에 나는 독일어를 공부합니다.
- **Am Mittag esse ich gern eine Pizza.**
  암 미탁 에세 이히 게안 아이네 피짜
  정오에 나는 피자 하나를 즐겨 먹습니다.
- **Am Nachmittag gehe ich einkaufen.**
  암 나흐미탁 게에 이히 아인카우펜
  오후에 나는 장보러 갑니다.
- **Am Abend treffe ich gern Freunde.**
  암 아벤트 트레페 이히 게안 프러인데
  저녁에 나는 친구들을 즐겨 만납니다.
- **In der Nacht lese ich gern ein Buch.**
  인 데어 낙흐트 레제 이히 게안 아인 부흐
  밤에 나는 즐겨 책 한권을 읽습니다.
- **Ich steige in den Bus ein.**
  이히 슈타이게 인 덴 부스 아인
  나는 버스에 탑니다.
- **Ich steige in Stuttgart aus.**
  이히 슈타이게 인 슈투트가–트 아우스
  나는 슈투트가르트에서 내립니다.

MEMO

풀어보기

[01-03] 다음 빈칸에 알맞은 말을 고르세요.

01

_________ Morgen gehe ich zur Schule.

1) Am
2) Um
3) Von
4) Der

02

_________ Nacht schlafen die Kinder.

1) Am
2) An der
3) Im
4) In der

03

Ich steige in die U-Bahn _________.

1) ein
2) aus
3) um
4) auf

해설

01 ① "아침에"라고 할 때 필요한 전치사 전치사는 Am입니다.

02 ④ 밤은 여성명사이므로 In der가 정답입니다.

03 ① 지하철 안으로 승차하는 것이기 때문에 ein입니다.

반카드를 위해서는 여권 사진을 찍어야 해요.

기본 학습

Sie에게 하는 명령문

동사원형 + Sie : ~하세요!

존칭의 대상인 Sie에게 하는 명령문은 반드시 주어인 Sie를 함께 써야 합니다. 분리동사의 경우 분리전철을 후치시켜 명령합니다.

- **Kommen Sie!** [코멘 지] 오세요!
- **Rufen Sie mich an!** [루펜 지 미히 안] 저에게 전화를 걸어주세요!

간접화법 wäre

간접화법 wäre : ~일 것이다

독일어에는 접속법 2식이라는 문법이 있습니다. 접속법이란 간접화법을 의미합니다. 어떤 말을 할 때 "~이다" 라고 단언하면 정확한 의미전달은 되지만 공손한 느낌이 살짝 부족한데요, 접속법 2식을 사용하면 "~이다"를 "~일 것이다"로 바꿔주어 뜻이 부드럽고 간접적이며 공손한 느낌을 줍니다. wäre는 sein동사의 접속법 2식 형태입니다.

ich	wäre	wir	wären
du	wär(e)st	ihr	wär(e)t
er/sie/es/man	wäre	sie/Sie	wären

상황 연습

독일에서 기차여행을 할 때 반드시 필요한 것 두 가지!

외국인으로서 독일에 3개월 미만 머물 사람에게 판매되는 German Rail Pass가 있습니다. 특정 회수를 지정하여 저렴한 가격으로 기차를 이용하는 상품이고요.

독일에 오래 살 분들과 독일인들에게도 혜택을 주는 Bahncard가 있어요. Bahncard는 25, 50, 100 상품이 있는데, 순서대로 가격이 비싸고, 각 숫자 퍼센트만큼 기차표 구매 시 할인을 받을 수 있는 회원제 카드입니다.

기차를 많이 탈 예정이라면 이 카드를 만드는 게 유리해요! 하지만 1년씩 계약이 갱신되기 때문에 계약이 자동 연장되지 않도록 주의해야 합니다.

A **Haben Sie eine Bahncard?**
하벤 지 아이네 반카-트 반카드 있으세요?

B **Nein. Kann ich mir jetzt eine kaufen?**
나인. 칸 이히 미어 예츠트 아이네 카우펜 아니요. 지금 살 수 있을까요?

A **Ja, haben Sie Ihren Ausweis dabei?**
야, 하벤 지 이-렌 아우스바이스 다바이 네, 신분증 가지고 오셨나요?

B **Hier habe ich meinen Pass.**
히어 하베 이히 마이넨 파스 여기 제 여권이요.

A **Danke. Welche Bahncard möchten Sie?**
당케. 벨혜 반카-트 뫼히텐 지 고맙습니다. 어떤 반카드를 원하세요?

Wir haben 25, 50 und 100.
비어 하벤 퓐프 운트 츠반치히, 퓐프치히 운트 훈더-트 우리는 25, 50 그리고 100이 있어요.

B **Für mich wäre die Bahncard 50 gut.**
퓨어 미히 배레 디 반카-트 퓐프치히 굳 저에게는 반카드 50이 좋을 것 같아요.

A **Ja. Füllen Sie bitte das Anmeldungsformular aus.**
야. 퓔렌 지 비테 다스 안멜둥스포물라 아우스 여기 신청 양식 작성해 주세요.

B **Ok. Hm, aber ich habe kein Passfoto dabei.**
오케이. 흠, 아버 이히 하베 카인 파스포토 다바이
알겠습니다. 흠, 그런데 제가 증명사진이 없어요.

A **Ist doch gar kein Problem.**
이스트 도흐 가 카인 프로블렘 — 전혀 문제가 아니에요.

Wir haben eine Polaroidkamera.
비어 하벤 아이네 폴라로잇카메라 — 우리에겐 폴라로이드 카메라가 있거든요.

Wir können hier direkt ein Sofortbild machen.
비어 쾨넨 히어 디렉트 아인 조포어트빌트 마흔 — 여기에서 바로 즉석사진을 찍을 수 있어요.

Gucken Sie mal hier. Lächeln-! Eins, zwo, drei! Perfekt!
구켄 지 말 히어. 래혤은- 아인스, 츠보, 드라이 페아펙트
여기 보세요. 미소 지으세요! 하나, 둘, 셋! 완벽해요!

B **Wahnsinn...**
바안진 — 대박…

문장 패턴

- **Ich wäre glücklich.**
  이히 배레 글뤽클리히 — 나는 행복할 것입니다.
- **Er wäre um 2 Uhr da.**
  에어 배레 움 츠바이 우어 다 — 그는 2시에 올 것입니다.
- **Für mich wäre der Computer zu teuer.**
  퓨어 미히 배레 데어 콤퓨터 쭈 토이어 — 나에게는 그 컴퓨터가 너무 비쌀 것입니다.
- **Warten Sie bitte auf mich!**
  바-텐 지 비테 아우프 미히 — 저를 기다려 주세요!
- **Rufen Sie mich an!**
  루펜 지 미히 안 — 나에게 전화해 주세요!
- **Kommen Sie am Montag um 14 Uhr vorbei!**
  코멘 지 암 몬탁 움 피어첸 우어 포어바이 — 월요일 14시에 들러 주세요!
- **Sehen Sie nicht lange fern!**
  제엔 지 니히트 랑에 페언 — 티비를 오래 보지 마세요!
- **Fahren Sie hier langsamer!**
  파렌 지 히어 랑자머 — 여기에서는 더 천천히 운전하세요!

풀어보기

[01-03] 다음 빈칸에 알맞은 말을 고르세요.

01

_________ schnell, Herr Schneider!

1) Komme
2) Komm
3) Kommen
4) Kommen Sie

02

_________ mir, mein Freund!

1) Sag
2) Sagen
3) Sagst
4) Sagen Sie

03

Die Äpfel _________ nicht teuer.

1) wäre
2) wärt
3) wären
4) wärst

해설

01 ④ Schneider 씨에게 하는 공손한 명령이기 때문에 Kommen Sie가 됩니다.

02 ① 나의 친구에게 하는 명령은 동사의 어간만으로 Sag가 정답입니다.

03 ③ 주어가 복수이므로 wären이 정답입니다.

정말 더 독일에 머물고 싶군요.

기본 학습

전치사 nach + 도시/중성국가

고유명사 도시나 중성국가(대부분의 국가명) 앞에 nach전치사가 오면 "~로"라는 방향을 나타냅니다. 주의할 사항은, 국가 중 성이 있거나(남성/여성) 복수국가일 때는 nach로 방향을 나타낼 수 없습니다. 이 경우에는 in + 4격형태를 씁니다.

중성국가 /도시	nach Deutschland	독일로	nach Korea	한국으로
	nach Japan	일본으로	nach China	중국으로
	nach Frankreich	프랑스로	nach Polen	폴란드로
여성국가	in die Schweiz	스위스로	in die Türkei	터키로
	in die Ukraine	우크라이나로	in die Mongolei	몽골로
남성국가	in den Irak	이라크로	in den Iran	이란으로
	in den Jemen	예멘으로	in den Sudan	수단으로
	In den Libanon	레바논으로		
복수국가	in die USA	미국으로	in die Niederlande	네덜란드로

장소에 대한 호/불호 표현

장소에 대해 호/불호를 표현할 때 주어 : es

특히나 특정 고유명사를 가진 장소가 마음에 들거나 들지 않다고 말할 때는 나라나 도시명을 주어로 취하지 않고 비인칭 주어인 es를 주어로 취합니다. 이 때 장소는 in 다음에 3격으로 표현합니다. 대부분의 경우 고유명사이기 때문에 관사 없이 쓰지만, 그 장소가 성이 있는 국가라면 정관사를 반드시 함께 3격으로 씁니다.

예 독일은 나에게 마음에 들어요.

Deutschland gefällt mir. (X)
[더이췰란트 게팰트 미어]

Es gefällt mir in Deutschland. (O)
[에스 게팰트 미어 인 더이췰란트]

상황 연습

독일의 매력에 흠뻑 빠진 당신! 여행 일정은 끝나가는데 너무 아쉽지요. 역사와 전통이 있는 호프브로이하우스의 한 야외 좌석에서 모르는 사람과 합석하여 간단한 대화를 나눈다고 상상해 봅시다.

A **Entschuldigen Sie, bitte. Ist hier noch frei?**
엔츌디겐 지, 비테. 이스트 히어 녹흐 프라이 — 실례합니다. 여기 자리 비었나요?

B **Ja, bitte. Nehmen Sie Platz.**
야, 비테. 네멘 지 플라츠 — 네, 앉으세요.

A **Danke schön. Es ist sehr schön heute.**
당케 쇼앤. 에스 이스트 제어 쇼앤 호이테 — 감사합니다. 오늘 날씨가 참 좋네요.

B **Stimmt.**
슈팀트 — 맞아요.

Machen Sie Urlaub?
막흔 지 우얼라웊 — 휴가 중이세요?

A **Ja. Aber bald fliege ich zurück nach Korea.**
야. 아버 발트 플리게 이히 쭈뤽 나흐 코레아 — 네. 하지만 곧 저는 한국으로 돌아가요.

B **Ach so.**
악흐 조 — 아 그래요.

Wie gefällt es Ihnen in Deutschland?
비 게팰트 에스 이넨 인 도이칠란트 — 독일이 마음에 드셨나요?

A **Super, auf jeden Fall.**
주퍼, 아우프 예덴 팔 — 무조건이죠.

Die Städte sind echt schön.
디 슈태테 진트 에히트 쇼앤 — 도시들이 정말 예뻐요.

Die Leute sind auch sehr nett.
디 로이테 진트 아욱흐 제어 넽 — 사람들도 매우 친절해요.

B **Ach, ich möchte noch länger hier bleiben.**
악흐, 이히 뫼히테 녹흐 랭어 히어 블라이벤 — 아, 저는 여기에 더 오래 머물고 싶네요.

- **Wie gefällt es Ihnen in Korea?**
  비 게팰트 에스 이넨 인 코레아
  한국이 어떻게 마음에 드십니까?
- **Es gefällt mir sehr gut hier.**
  에스 게팰트 미어 제어 굳 히어
  여기가 굉장히 마음에 듭니다.
- **Es gefällt mir leider nicht in dieser Stadt.**
  에스 게팰트 미어 라이더 니히트 인 디저 슈타트
  유감스럽게도 이 도시는 마음에 들지 않습니다.
- **Wir fliegen nach Spanien.**
  비어 플리겐 나흐 슈파니엔
  우리는 스페인으로 (비행기를 타고) 간다.
- **Ihr fahrt in die Schweiz.**
  이어 파트 인 디 슈바이츠
  너희들은 스위스로 (무엇을 타고) 간다.
- **Meine Mutter fliegt nach Europa.**
  마이네 무터 플릭트 나흐 오이로파
  나의 엄마는 유럽으로 (비행기를 타고) 간다.
- **Man darf jetzt nicht in den Irak fliegen.**
  만 다-프 예츠트 니히트 인 덴 이라크 플리겐
  사람들은 지금 이라크로 (비행기를 타고) 갈 수 없다.

MEMO

풀어보기

[01-03] 다음 빈칸에 알맞은 말을 고르세요.

01

Wann fliegst du ________ Ukraine?

1) nach
2) in den
3) in die
4) in

02

________ gefällt mir sehr gut in Deutschland.

1) Es
2) Er
3) Das
4) Wie

03

In ________ USA möchte ich mal gehen.

1) der
2) die
3) den
4) das

해설

01 ③ 우크라이나는 여성명사이므로 in die가 됩니다.

02 ① 장소에 대한 호불호를 나타낼 때는 주어는 비인칭 주어 Es를 사용합니다.

03 ② 미국은 복수명사이므로 die가 되어야 합니다.

하이델베르크에 가려고 해요.

기본 학습

의지를 나타내는 화법조동사

wollen : ~하고자 한다, ~하고 싶다

활용 형태가 영어의 will과 똑같이 생겨서 미래시제로 자주 오해 받는 이 화법조동사는 화자의 의지와 희망을 나타냅니다. möchten(~하고 싶다)과 동일한 뜻이지만 어조가 조금 더 강한 느낌이라고 볼 수 있습니다.

ich	will	wir	wollen
du	willst	ihr	wollt
er/sie/es/man	will	sie/Sie	wollen

충고할 때 쓰이는 화법조동사

sollten : ~하는 편이 좋다

sollten은 화법조동사 sollen(~해야 한다)의 접속법 2식 형태입니다. 여러 상황에서 쓰이지만 특히 상대에게 듣기 껄끄럽지 않게 충고나 조언을 전달할 때 자주 쓰입니다.

ich	sollte	wir	sollten
du	solltest	ihr	solltet
er/sie/es/man	sollte	sie/Sie	sollten

Es gibt 4격 : ~이 있다

"~이 있다"라는 뜻의 숙어는 geben동사를 활용하여 Es gibt 4격의 형태로 씁니다. 이때 주의할 점은 반드시 4격을 받아야 한다는 점입니다. 시험에 간혹 출제되니 잘 기억해 둡시다.

- **Es gibt einen Tisch im Zimmer.** 방 안에 책상 하나가 있다.
  [에스 깁트 아이넨 티쉬 임 침머]

상황 연습

독일의 아름다운 도시 하이델베르크(Heidelberg)를 아시나요? 제가 유학한 도시이기도 하고, 유명한 철학자들이 연구한 대학이 위치한 작고 아름다운 대학 도시입니다. 하이델베르크에 가면 유명한 것들이 많은데요, Neckar강을 건너는 유명한 "오래된 다리"라는 뜻의 Alte Brücke가 있고, 철학자의 길, 학생감옥, 하이델베르크 성 등이 있고 도시의 여기저기에 유명한 하이델베르크 대학교 캠퍼스가 위치해 있습니다. 유명한 아이스크림 가게도 있고 쇼핑 거리도 있어요.

A **Wohin fahren Sie nun?**
보힌 파렌 지 눈 — 이제 어디로 가시나요?

B **Ich will jetzt nach Heidelberg fahren.**
이히 빌 예츠트 나흐 하이델베악 파렌 — 저는 지금 하이델베르크로 가려고 해요.

A **Oh, was wollen Sie dort machen?**
오, 바스 볼렌 지 도어트 막흔 — 오, 거기에서 무엇을 하고자 하시나요?

B **Zuerst möchte ich die Wahrzeichen von Heidelberg besichtigen.**
쭈에어스트 뫼히테 이히 디 봐-차이혠 폰 하이델베악 베지히티겐
우선 저는 하이델베르크의 상징물들을 보고 싶어요.

A **Oh, da ist auch ein sehr guter Eisladen.**
오, 다 이스트 아욱흐 아인 제어 구터 아이스라든
오, 거기에 또한 하나의 매우 좋은 아이스크림 가게가 있어요.

Da sollten Sie mal besuchen.
다 졸텐 지 말 베죽흔 — 거기에 한번 방문해 보시면 좋아요.

B **Echt? Super! Vielen Dank für Ihren Tipp.**
에히트 주퍼 필렌 당크 퓨어 이어렌 팁 — 정말이요? 최고예요! 당신의 조언에 감사드립니다.

A **Und in der Hauptstraße gibt es viele gute Cafés und Restaurants.**
운트 인 데어 하우프트슈트라쎄 깁트 에스 필레 구테 카페스 운트 레스터렁스
그리고 중앙로에는 많은 좋은 카페들과 식당들이 있어요.

Und auch viele Geschäfte.
운트 아욱흐 필레 게섀프테 — 그리고 또한 많은 가게들도요.

B **Da kann ich schön einkaufen.**
다 칸 이히 쇼앤 아인카우펜 — 거기에서 저는 쇼핑을 잘 할 수 있겠네요.

문장 패턴

- **Was willst du an der Universität studieren?**
  바스 빌스트 두 안 데어 우니베아지탵 슈투디-렌
  너는 대학교에서 무엇을 전공하고자 하니?
- **Wollt ihr einmal nach Österreich fahren?**
  볼트 이어 아인말 나흐 외스터라이히 파렌
  너희들은 한번쯤 오스트리아로 가고 싶니?
- **Was willst du später werden?**
  바스 빌스트 두 슈패터 베어덴
  너는 나중에 무엇이 되고 싶니?
- **Ich will Lehrerin werden.**
  이히 빌 레러린 베어덴
  나는 선생님이 되고 싶어.
- **Dann solltest du fleißig lernen.**
  단 졸테스트 두 플라이씨히 레어넨
  그러면 너는 열심히 공부해야 해.
- **Sie sollten für Ihre Frau schöne Blumen kaufen.**
  지 졸텐 퓨어 이-레 프라우 쇼애네 블루멘 카우펜
  당신은 당신의 부인을 위해서 예쁜 꽃들을 사는 게 좋습니다.
- **Du solltest regelmäßig Sport treiben.**
  두 졸테스트 레겔매씨히 슈포어트 트라이벤
  너는 규칙적으로 운동하는 게 좋을 거야.
- **Es gibt eine Frau vor dem Fenster.**
  에스 깁트 아이네 프라우 포어 뎀 펜스터
  창문 앞에 한 여자가 있다.
- **Gibt es einen Apfel?**
  깁트 에스 아이넨 압펠
  사과가 하나 있습니까?

풀어보기

[01-03] 다음 빈칸에 알맞은 말을 고르세요.

01

Du ________ mehr lernen.

1) will
2) wollt
3) solltst
4) solltest

02

Wollen Sie Fußball ________?

1) treiben
2) spielen
3) gehen
4) fahren

03

Es gibt ________ Menschen auf der Straße.

1) eine
2) keine
3) ein
4) keinem

해설

01 ④ 조언을 하는 상황이므로 solltest가 정답입니다.

02 ② 축구는 spielen만 가능합니다.

03 ② es gibt + 4격, Menschen은 복수형태이므로 keine이 정답입니다.

04장

독일 관광

MP3

우리 이 레스토랑에서 밥 먹자!

기본 학습

장소 이동을 나타내는 부사

장소 이동을 나타내는 부사 rein / raus

분리전철 ein은 "안으로"라는 뜻이고, aus는 "밖으로"라는 뜻입니다. 이 분리전철 앞에 r를 추가하면 역동성을 조금 더 강조하게 됩니다. 따라서 구어체에서 많이 쓰입니다.

- **Kommen Sie ein!** [코멘 지 아인] 들어오세요!
- **Kommen Sie rein!** [코멘 지 라인] (안으로) 들어오세요!

음식 명칭

독일 레스토랑에서 볼 수 있는 음식 명칭을 배워 봅시다!

r. 남성 s. 중성

r. Schweinebraten	돼지 구이 요리	s. Schnitzel	슈니첼
r. Rinderbraten	소 구이 요리	s. Hähnchen	닭고기 요리 (보통 구이)
pl. Bratkartoffeln	구운 감자요리	pl. Pommes frites	감자 튀김 (줄여서 Pommes)
pl. Spaghetti mit ~soße		~소스가 들어간 스파게티	

음식이나 음료를 먹겠다는 표현

음식이나 음료를 먹겠다는 표현 nehmen은 영어의 take에 해당하는 표현으로서, "~을 취하다"라는 뜻입니나. 음식을 주문할 때 esse(먹다), trinken(마시다) 동사 대신에 nehmen을 쓰면 훨씬 자연스럽습니다.

- **Was nehmen Sie?** 당신은 무엇을 드시겠습니까?
  [바스 네멘 지]
- **Ich nehme ein Mineralwasser.** 저는 미네랄워터를 먹겠습니다.
  [이히 네메 아인 미네랄바써]

상황 연습

여행 중 마음에 드는 친구를 찾았나요? 아니면 독일어로 대화하는 친구가 있나요? 친구에게 함께 식사하자고 제안해 봅시다. 독일에서도 친한 사이에서는 음식을 나눠 먹기도 하니 너무 긴장하지 마세요!

A **Wollen wir in diesem Restaurant essen?**
볼렌 비어 인 디젬 레스토렁 에센
우리 이 레스토랑에서 식사할까?

B **Warum nicht?**
바룸 니히트
아주 좋지! (왜 안 돼?)

Gehen wir rein!
게엔 비어 라인
안으로 들어가자!

A **Hm... Alles sieht so lecker aus.**
흠 알레스 지-트 조 레커 아우스
흠... 모든 것이 매우 맛있어 보여.

Was nimmst du?
바스 님스트 두
너 뭐 먹을 거야?

B **Ich glaube, ich nehme Penne mit Spinat und Gorgonzola.**
이히 글라우베, 이히 네메 펜네 밑 슈피낱 운트 고-곤촐라
내 생각엔, 나는 시금치와 고르곤졸라가 들어간 펜네 파스타를 먹을 거야.

A **Oh, klingt gut.**
오, 클링트 굳
오, 좋은데.

Ich nehme dann einen Rinderbraten.
이히 네메 단 아이넨 린더브라텐
나는 그럼 소고기 구이를 먹을 게.

Wir können das Essen ja teilen.
비에 쾨넨 다스 에센 야 타일렌
우리는 그 음식을 나눌 수 있잖아.

B **Ich bin dafür. Bestellen wir schnell.**
이히 빈 다퓨어. 베슈텔렌 비어 슈넬
나는 그것에 동의해.

Ich habe so einen großen Hunger!
이히 하베 조 아이넨 그로센 훙어
우리 빨리 주문하자. 나는 배가 많이 고파.

문장 패턴

- **Eine Katze kommt rein.**
  아이네 캇쩨 콤트 라인
  하나의 고양이가 들어온다.
- **Warum kommst du nicht rein?**
  바룸 콤스트 두 니히트 라인
  너는 왜 안으로 들어오지 않니?
- **Ich gehe mal raus.**
  이히 게에 말 라우스
  나는 밖으로 좀 나갈래.
- **Ich nehme diese Hose.**
  이히 네메 디제 호제
  나는 이 바지를 택하겠어요.
- **Ich nehme eine Cola.**
  이히 네메 아이네 콜라
  나는 하나의 콜라를 마시겠어요.
- **Nimmst du einen Salat?**
  님스트 두 아이넨 잘라트
  너는 샐러드 하나를 먹겠니?

MEMO

풀어보기

[01-03] 빈칸에 들어갈 올바른 단어를 고르세요.

01

Ich nehme ________ Rinderbraten.

1) ein
2) einen
3) eine
4) einer

02

Nimmst du ________ Pommes?

1) x
2) einen
3) eine
4) einer

03

Warum nicht? Ich bin ________!

1) darauf
2) dagegen
3) darein
4) dafür

해설

01 ② Rinderbraten은 남성명사이므로 남성 4격이므로 einen이 정답입니다.

02 ① Pommes는 복수명사이므로 관사를 쓰지 않습니다.

03 ④ Warum nicht?라고 하면서 강한 동의를 나타내기 때문에 찬성한다는 표현인 dafür가 정답입니다.

오늘은 예쁘게 입어야지.

기본 학습

재귀동사

독일어 동사 중에는 주어와 3격 혹은 4격 목적어의 인물이 일치하게끔 쓰는 재귀동사(Reflexive Verben)가 있습니다. 우리는 오늘 일상에서 자주 쓰이는 재귀동사들만 만나볼 거예요!

sich anziehen	옷을 입다	sich freuen	기뻐하다
sich mit jdm. verabreden	~와 만날 약속을 잡다		

* jdm : jemandem 누군가 (3격)

- **Ich ziehe mich an.** 나는 옷을 입는다.
  [이히 치에 미히 안]
- **Ich ziehe mir eine Hose an.** 나는 하나의 바지를 입는다.
  [이히 치에 미어 아이네 호제 안]
- **Er verabredet sich mit ihr.** 그는 그녀와 약속을 잡는다.
  [에어 페어압레델 지히 밑 이어]
- **Wir freuen uns auf Weihnachten.** 우리는 성탄절을 기쁘게 기다린다.
  [비어 프로이엔 운스 아우프 바이나흐텐]

유용한 분리동사

일상에서 자주 쓰이는 분리동사들을 익히고 다양하게 응용하여 내 것으로 만들어 볼게요!

aussehen	~해 보이다	vorhaben	계획하다
ausgehen	외출하다	stattfinden	개최되다, 열리다
losgehen / losfahren	출발하다		

상황 연습

날씨도 좋고, 예쁜 옷을 입고 신나게 외출해 볼까요? 로맨틱한 독일에서 즐거운 데이트를 하는 상상을 해 봅시다.

A **Wie sehe ich aus?**
비 제에 이히 아우스 — 나 어때 보여?

Ich ziehe mir den neuen Rock mit Punkten an!
이히 치에 미어 덴 노이엔 록 밑 풍크텐 안 — 나는 그 새로운 물방울 무늬 치마를 입을 거야!

B **Du siehst heute besonders hübsch aus!**
두 지스트 호이테 베존더스 휩쉬 아우스 — 너는 오늘 특히나 예뻐 보인다!

Was hast du heute vor?
바스 하스트 두 호이테 포어 — 너 무엇을 계획하고 있어?

A **Ich gehe mit Carlos aus.**
이히 게에 밑 칼로스 아우스 — 나는 Carlos와 외출해.

Wir gehen ins Theater.
비어 게엔 인스 테아터 — 우리는 극장에 가.

B **Wie schön!**
비 쇼엔 — 좋다!

Wann gehst du aus?
반 게-스트 두 아우스 — 너 언제 나가?

A **Das Theaterstück findet um 19 Uhr statt.**
다스 테아터슈튁 핀텔 움 노인첸 우어 슈타트 — 그 연극 작품은 19시에 열려.

Also muss ich langsam los.
알조 무스 이히 랑잠 로스 — 그러니까 나는 슬슬 출발해야 해.

B **Ich freue mich für dich.**
이히 프로이에 미히 퓨어 디히 — (네가 좋으니) 나도 기쁘다.

Ich wünsche euch schöne Zeit.
이히 분셰 오이히 쇼에네 차이트 — 너희들에게 멋진 시간을 기원할게.

A **Danke schön.**
당케 쇼엔 — 고마워.

So nett von dir.
조 넬 폰 디어 — 정말 친절하구나.

문장 패턴

- **Er sieht müde aus.**
  에어 지-트 뮈데 아우스 그는 피곤해 보인다.
- **Emilia geht heute Abend aus.**
  에밀리아 게-트 호이테 아벤트 아우스 에밀리아는 오늘 저녁에 외출한다.
- **Die Veranstaltung findet nächste Woche statt.**
  디 페어안슈탈퉁 핀뎉 네히스테 보헤 슈타트 그 행사는 다음 주에 열린다.
- **Ich habe vor, eine große Party zu machen.**
  이히 하베 포어, 아이네 그로세 파티 추 마헨 나는 하나의 큰 파티를 할 계획을 가지고 있다.
- **Fahren wir langsam los.**
  파렌 비어 랑잠 로스 우리 슬슬 출발하자.
- **Jan zieht sich an.**
  얀 치트 지히 안 얀은 옷을 입는다.
- **Julia zieht sich einen Pullover an.**
  율리아 치트 지히 아이넨 풀로버 안 율리아는 하나의 스웨터를 입는다.
- **Ich verabrede mich mit ihm.**
  이히 페어압레데 미히 밑 임 나는 그와 만날 약속을 잡는다.
- **Ich freue mich über dein Geschenk.**
  이히 프로이에 미히 위버 다인 게셍크 나는 너의 선물에 대해 기쁘다.
- **Ich freue mich auf das Weihnachtsgeschenk.**
  이히 프로이에 미히 아우프 다스 바이나흐츠게셍크 나는 크리스마스 선물이 고대된다.

풀어보기

[01-03] 빈칸에 들어갈 올바른 단어를 고르세요.

01

Was ________ du dir an?

1) ziehen
2) zieht
3) ziehst
4) zeihst

02

Wann ________ das Fest statt?

1) geht
2) fährt
3) findet
4) zieht

03

Auf Winterferien freuen ________ die Kinder.

1) sie
2) euch
3) sich
4) mich

해설

01 ③ ziehen동사의 du 형태는 ziehst가 됩니다.

02 ③ "개최되다, 열리다"는 stattfinden이므로 findet가 정답입니다.

03 ③ die Kinder는 3인칭 복수이므로 재귀대명사 sich를 사용해야 합니다.

나는 뻔한 관광 명소에는 흥미가 없어.

기본 학습

흥미를 나타내는 표현 3가지

- sich für 4격 interessieren : ~에 흥미가 있다
- s. Interesse an 3격 haben : ~에 흥미를 가지고 있다
- an 3격 interessiert sein : ~에 흥미를 가진 상태이다

*interessieren은 사실 원래 타동사로서 A interessiert B "A가 B로 하여금 흥미를 갖게 만들다"로도 쓸 수 있습니다.

- **Das interessiert mich nicht.** [다스 인터레시어트 미히 니히트]
  그거 나로 하여금 흥미를 가지게 만들지 않아. (그거에 관심 없어.)

*특정 전치사를 동반하는 표현으로 의문문을 만들 때 주의할 점
독일어에서는 [전치사+was]의 형태가 없습니다. 문법적으로 성립되지 않죠. 따라서 이 was를 wo로 모양을 바꾸어 전치사 바로 앞에 붙여 한 단어를 만듭니다. 이 때 전치사가 모음으로 시작하면 발음상 wor가 됩니다. (예: woran)

예 너는 무엇에 흥미가 있니?
Für was interessierst du dich? (X)　　Wofür interessierst du dich? (O)

조건을 나타내는 접속사

조건을 나타내는 접속사 wenn은 "만약 ~라면/~할 때마다"라는 뜻을 가진 종속접속사입니다. 종속접속사는 동사를 맨 뒤로 후치시키는 특징이 있으니 주의하세요!

wenn이 이끄는 종속절은 전체 주절에서 한 자리를 차지하는 것이 되어서, 주문장 앞에 위치할 경우 주절은 [Wenn절 + 주절의 동사 + 주어] 순서로 진행됩니다. 종속절과 주절은 반드시 쉼표 연결해야 합니다!

- **Wenn es kalt ist, gehe ich nicht aus.** [벤 에스 칼트 이스트, 게에 이히 니히트 아우스]
  날씨가 추우면 나는 나가지 않는다.
- **Er freut sich immer, wenn ich nach Hause komme.** [에어 프로이트 지히 임머, 벤 이히 나흐 하우제 코메]
  내가 집에 오면 그는 항상 기뻐한다.

장소를 나타내는 관계부사

어떤 장소정보를 추가적으로 기술하고 싶을 때, 특히 고유지명을 부연설명하고 싶을 때는 wo를 써서 추가적인 정보를 기술합니다. 이 때 동사는 반드시 후치합니다.

- **Ich war in Hamburg, wo ich sehr liebe.** 나는 내가 매우 사랑하는 함부르크에 있었다.
  [이히 바 인 함부엌, 보 이히 제어 리베]

상황 연습

틀에 박힌 진부한 관광지는 재미가 없죠? 우리는 특별하니까요. 특별한 나만의 흥미를 나타내는 표현으로 관심사를 표현해 봅시다!

A **Wofür interessierst du dich besonders?**
보퓨어 인터레시어스트 두 디히 베존더스 너는 무엇에 특히 흥미가 있니?

B **Ich interessiere mich für Museen.**
이히 인터레시어레 미히 퓨어 무제엔 나는 박물관들에 흥미가 있어.

Ich besuche so gerne Museen,
이히 베주혜 조 게아네 무제엔 나는 박물관들을 방문하는 것을 매우 즐겨,

wenn ich in einer anderen Stadt oder in einem anderen Land eine Reise mache.
벤 이히 인 아이너 안더렌 슈타트 오더 인 아이넴 안더렌 란트 아이네 라이제 마헤
내가 다른 도시나 다른 나라에서 여행할 때면.

Und du? Wofür interessierst du dich,
운트 두? 보퓨어 인터레시어스트 두 디히 그리고 너는? 너는 무엇에 흥미가 있니,

besonders wenn du auf einer Reise bist?
베존더스 벤 두 아우프 아이너 라이제 비스트 특히 네가 여행 중이라면?

A **Ich interessiere mich nicht für langweilige Sehenswürdigkeiten.**
이히 인터레시어레 미히 니히트 퓨어 랑바일리게 제엔스뷰어디히카이텐
나는 지루한 관광명소들에는 흥미가 없어.

Museen finde ich auch prima.
무제엔 핀데 이히 아우흐 프리마 박물관들도 나는 멋지다고 생각해.

A **Aber mich interessiert eher etwas anderes.**
아버 미히 인터레시어트 에어 에트바스 안더레스

하지만 나에게 흥미로운 것은 오히려 뭔가 다른 것이야.

Zum Beispiel, ich habe großes Interesse an Lebensmitteln von dem Land, wo ich besuche.
쭘 바이슈필, 이히 하베 그로세스 인터레세 안 레벤스미텔른 폰 뎀 란트, 보 이히 베주헤

예를 들어서, 나는 내가 방문하는 나라의 식료품에 큰 흥미를 가지고 있어.

B **Das finde ich auch cool.**
다스 핀데 이히 아우흐 쿨

그거 나도 멋지다고 생각해.

문장 패턴

- **Wofür interessiert sie sich?**
  보퓨어 인터레시어트 지 지히
  그녀는 무엇에 흥미가 있어요?
- **Er interessiert sich für Politik.**
  에어 인터레시어트 지히 퓨어 폴리틱
  그는 정치에 흥미가 있어요.
- **Peter hat großes Interesse an dem Projekt.**
  페터 핱 그로세스 인터레세 안 뎀 프로옉트
  Peter는 그 프로젝트에 큰 흥미를 가지고 있어요.
- **Woran hast du Interesse?**
  보란 하스트 두 인터레세
  너는 어디에 흥미를 가지고 있어?
- **Woran bist du interessiert?**
  보란 비스트 두 인터레시어트
  너는 어디에 흥미를 가지고 있는 상태야?
- **Was machst du, wenn du frei hast?**
  바스 막흐스트 두, 벤 두 프라이 하스트
  너는 한가할 때면 뭘 하니?
- **Wenn du am Montag kommst, komme ich auch.**
  벤 두 암 몬탁 콤스트, 코메 이히 아우흐
  네가 월요일에 온다면 나도 올게.
- **Kennst du die Stadt, wo Sara studiert?**
  켄스트 두 디 슈타트, 보 자라 슈투디어트
  너는 Sara가 대학 공부하는 그 도시를 아니?

풀어보기

[01-03] 다음 빈칸에 알맞은 말을 고르세요.

01

Du interessierst ________ für ________.

1) dich – ihm
2) dich – ihr
3) dir – sie
4) dich – ihn

02

Er hat Interesse an ________ Musiker.

1) einer
2) einem
3) der
4) den

03

Köln ist die Stadt, ________.

1) wo ich wohne mit meiner Familie
2) wo wir wohnen zusammen mit der Familie Schröder
3) wo Herr Müller geboren ist
4) wo findet das Fest statt

해설

01 ④ sich interessieren의 재귀대명사는 4격 형태이고, für 역시 4격 지배 전치사이므로 dich – ihn이 정답입니다.

02 ② an 다음에 3격이 와야 하며, Musiker(음악가)는 남성명사이므로 남성 3격 형태인 einem이 정답입니다.

03 ③ 관계부사 wo가 이끄는 절은 동사가 후치되어야 하므로 wo Herr Müller geboren ist가 됩니다.

그 박물관은 이미 가봤어요.

기본 학습

현재완료

독일어(특히 구어체)에서는 과거 사실을 이야기할 때 현재완료 문법을 주로 씁니다. 현재완료는 주어에 맞게 haben 혹은 sein을 결합시키고 동사의 과거분사형을 문장 마지막에 위치시킵니다. 자주 쓰이는 동사로 다양한 문장을 만들어 보세요.

- **Ich habe das Museum gesehen.** [이히 하베 다스 무제움 게제엔] 나는 그 박물관을 봤어요.
- **Hast du mich angerufen?** [하스트 두 미히 안게루펜] 너는 나에게 전화를 걸었니?

일반 과거 표현

sein동사와 haben동사, 그리고 finden동사는 과거 사실을 나타낼 때 현재완료 문법이 아니라 일반 과거의 형태로 더 즐겨 사용됩니다! 각 동사의 인칭 별 과거 형태를 살펴볼게요!

	sein (있다/이다)	haben (가지다)	finden (~라고 생각하다)
ich	war	hatte	fand
du	warst	hattest	fandest
er/sie/es	war	hatte	fand
wir	waren	hatten	fanden
ihr	wart	hattet	fandet
sie/Sie	waren	hatten	fanden

- **Waren Sie schon mal in Deutschland?** 당신은 이미 독일에 가 봤나요?
  [바안 지 숀 말 인 도이칠란트]
- **Ich hatte einen Hund.** 나는 개 한 마리를 가지고 있었어요. (지금은 없어요.)
  [이히 하테 아이넨 훈트]
- **Das fand ich schade.** 그것을 나는 유감스럽다고 생각했어요.
  [다스 판트 이히 샤데]

과거의 한 시점을 나타내는 접속사

als(~이었을 때)는 종속접속사로서 동사를 문장 마지막으로 후치시킵니다. 과거에 일회성으로 있었던 일을 설명할 때 쓰입니다. 따라서 als가 이끄는 문장의 시제는 과거입니다.

또한 als가 이끄는 종속절은 주절 앞에 위치하는 경우가 많은데, 이 때 als절은 주절에서 한 자리를 차지하는 것으로 간주합니다. 따라서 문장 순서가 [als 주어 + … + 동사 후치, 주절의 동사 + 주어 …] 순으로 진행됩니다.

- **Als ich in Deutschland war, war ich sehr jung.**
  [알스 이히 인 도이칠란트 바, 바 이히 제어 융]

  내가 독일에 있었을 때, 나는 매우 젊었어요.

상황 연습

독일에는 박물관이 참 많죠! 특히 독일 역사 박물관은 대부분 무료로 운영되고 배울 거리, 볼 거리가 매우 많답니다! 독일에서 박물관 투어 어떠세요?

A **Haben Sie schon mal das Deutsch Historische Museum besucht?**
하벤 지 숀 말 다스 도이치 히스토리셰 무제움 베주흐트 독일 역사 박물관에 가 본 적 있나요?

B **Ja, ich war schon mal dort.**
예, 이히 바 숀 말 도어트 네, 한 번 다녀왔어요.

A **Wie fanden Sie das Museum?**
비 판덴 지 다스 무제움 박물관 어땠어요?

B **Es war sehr beeindruckend.**
에스 바 어 세어 베아인드루켄트 정말 인상적이었어요.

Leider fand es mein Freund ein bisschen langweilig.
라이더 판트 에스 마인 프로인트 아인 비스헨 랑바일리히
하지만 제 친구는 조금 지루하다고 생각했어요.

Aber es war schön, dass man auf der Reise etwas zum Lernen erleben kann.
아버 에스 바 쇼엔, 다스 만 아우프 데어 라이즈 엣바스 쭘 레어넨 에어레벤 칸
그렇지만 여행 중에 뭔가 배울 수 있다는 게 좋았어요.

A **Gut zu hören. Und wo waren Sie noch?**
굿 쭈 회언. 운트 보 반 지 노흐 그거 좋은 것 같아요. 그리고 어디 더 가 보셨어요?

B **Ich war im Kölner Dom.**
이히 바 임 쾰르너 돔
쾰른 대성당에 갔어요.

Als ich ihn zum ersten Mal sah, war ich echt überrascht.
알스 이히 인 쭘 에어스텐 말 자, 바 이히 에히트 위버라쉬트
처음 보았을 때 정말 놀랐어요.

Der Dom ist megagroß!
데어 돔 이스트 메가그로스
대성당은 정말 거대하더라구요!

A **Ach so. Ich war noch nie in Köln.**
아흐 소. 이히 바 노흐 니 인 쾰른
아, 그래요. 저는 아직 쾰른에 가 본 적이 없어요.

Vielleicht nächstes Jahr besuche ich dort und werde ich auch überrascht wie Sie.
필라이히트 네흐스테스 야 베주헤 이히 도어트 운트 베어데 이히 아욱흐 위버라쉬트 비 지
아마 내년에 거기를 방문하고 당신처럼 놀랄 거에요.

문장 패턴

- **Letztes Jahr war ich noch Teenager.**
  레츠테스 야 바 이히 녹흐 틴애이져
  작년에 나는 아직 십대였다.
- **Er war überrascht, als sie kam.**
  에어 바 위버라쉬트, 알스 지 캄
  그녀가 왔을 때, 그는 놀랐다.
- **Als du mich angerufen hast, hatte ich keine Zeit.**
  알스 두 미히 안게루펜 하스트, 하테 이히 카이네 차이트
  네가 나에게 전화했을 때, 나는 시간이 없었다.
- **Ich fand den Film sehr beeindruckend.**
  이히 판트 덴 필름 제어 베아인드루켄트
  나는 그 영화를 매우 인상 깊다고 생각했다.
- **Als ich 20 Jahre alt war, hatte ich einen großen Traum.**
  알스 이히 츠반치히 야레 알트 바, 하테 이히 아이넨 그로쎈 트라움
  내가 20살이었을 때, 나는 하나의 큰 꿈을 가지고 있었다.

풀어보기

[01-03] 다음 빈칸에 알맞은 말을 고르세요.

01

_________ du schon mal in Italien?

1) War
2) Warst
3) Waren
4) Wart

02

Wer von euch _________ als erster am Treffpunkt?

1) war
2) warst
3) waren
4) wart

03

Als sie ins Restaurant kamen,
_________ die Tische bereits reserviert?

1) waren
2) hatten
3) fanden
4) sahen

해설

01 ② du의 sein동사 과거형은 warst입니다.

02 ① Wer von euch는 "너희들 중 누가"라는 뜻으로서 3인칭 단수이므로 war를 써야 합니다.

03 ① 주어가 복수인 die Tische이고 예약이 되어 있는 상태였는지 묻는 표현이므로 "~이었다"라는 뜻의 waren이 정답입니다.

한 독일 가족이 나를 저녁식사에 초대했어요.

간접의문문: 의문사 + 동사 후치 (의문사 뜻 + ~인지)

was는 주어로도 목적어로도 그 형태가 똑같아요. was로 문장을 시작하여서 동사를 후치시키면 간접의문문으로서 "무엇이(을) ~니까?"라는 뜻이 아닌, "무엇이(을) ~인지"라는 뜻이 됩니다. 직접의문문보다 간접의문문을 사용하면 문장이 더욱 풍성해지니, 의문사들을 활용하고 동사를 후치하여 다양한 표현을 만들어 보아요!

- **Ich bin nicht sicher, was das ist.** 나는 이것이 무엇인지 확실하지가 않다.
  [이히 빈 니히트 지혀, 바스 다스 이스트]
- **Er weiß, wo ich jetzt wohne.** 그는 내가 지금 어디에 사는지 알고 있다.
  [에어 바이스, 보 이히 예츠트 보네]

조건의 접속사 wenn : 만약에 ~면 / ~할 때

wenn은 조건을 나타내는 종속접속사입니다. 동사를 후치시키며 여타 종속절과 마찬가지로 wenn이 이끄는 종속절은 주절에서 한 자리를 차지하는 것으로 간주되어, [wenn 주어 + … + 동사 후치, 주절의 동사 + 주어 …] 순으로 진행됩니다.

- **Wenn du um 4 Uhr kommst,** 만약 네가 4시에 온다면,
  [벤 두 움 피어 우어 콤스트]
- **bin ich schon um 3 Uhr glücklich.** 나는 3시부터 벌써 행복할 거야.
  [빈 이히 숀 움 드라이 우어 글뤽클리히]

*'어린 왕자'에서 나오는 유명한 구절이죠! 이 문장은 쉽게 쓰여진 버전이고, 실제 작품에서는 조금 더 어려운 문장으로 쓰여 있습니다.

접속법 2식 : 추측/가정/공손

앞서서 독일어 문법의 꽃! 접속법 2식을 조금씩 공부했었죠? 상대에게 조심스럽게 "~할 수 있을 거야" 라고 조언할 때, 직설법 보다는 훨씬 부드럽게 들리기 때문에 활용하시면 좋아요. 이번에는 가능을 나타내는 können의 접속법 2식 인칭별 형태를 살펴보겠습니다.

ich	könnte	wir	könnten
du	könntest	ihr	könntet
er/sie/es	könnte	sie/Sie	könnten

- **Ich könnte ein bisschen spät ankommen.** 나 조금 늦게 도착할 수도 있어.
  [이히 쾬테 아인 비스헨 슈펱 안코멘]
- **Du könntest ihr einfach sagen, dass du sie liebst.**
  [두 쾬테스트 이어 아인파흐 자겐, 다스 두 지 립스트]
  너는 그녀에게 네가 그녀를 사랑한다고 그냥 말할 수도 있을 거야.
- **Könntest du mir helfen, wenn du Zeit hast?**
  [쾬테스트 두 미어 헬펜, 벤 두 차이트 하스트]
  너는 나를 도와줄 수 있겠니, 만일 네가 시간이 있으면?

관계대명사 was의 사용 시점

문장을 더욱 풍부하게 만들어 주는 관계대명사는 선행사의 성에 따라 결정됩니다. 그런데 선행사가 성을 결정할 수 없는 경우도 있지요. 부연 설명하고자 하는 선행사가 etwas, nichts, das, 형용사의 명사화(중성)일 때 관계대명사는 반드시 was를 쓰셔야 합니다. 관계절에서는 동사가 후치됩니다.

- **Ich habe etwas, was dir gefällt.** 나는 너에게 마음에 들 무엇인가를 가지고 있어.
  [이히 하베 에트바스, 바스 디어 게팰트]
- **Er hat nichts, was er dir geben soll.** 그는 그가 너에게 줘야 할 그 어떤 것도 없어.
  [에어 할 니히츠, 바스 에어 디어 게벤 졸]

상황 연습

외국의 가정집에 초대받는 일은 정말 신나는 일이에요! 보통 남의 집에 초대를 받았을 때 어떤 선물을 가지고 가야 할지 고민이 많이 되는데요, 이번 대화에서 그 팁을 얻어 보세요!

A **Robert, darf ich dich etwas fragen?**
로베아트, 다-프 이히 디히 에트바스 프라겐 — Robert, 질문 좀 할 수 있을까?

B **Klar. Was ist?**
클라. 바스 이스트 — 물론이지. 무슨 일이야?

A **Eine deutsche Familie hat mich zum Abendessen eingeladen.**
아이네 도이체 파밀리에 할 미히 쭘 아벤트에센 아인겔라덴 — 독일 가족이 나를 저녁 식사에 초대했어.

Aber ich weiß nicht, was ich da mitbringen soll.
아버 이히 바이스 니히트, 바스 이히 다 밑브링엔 졸 — 그런데 어떤 선물을 가져가야 할지 모르겠어.

Was schenkt man normalerweise, wenn man eingeladen ist?
바스 셍크트 만 노말러바이제, 벤 만 아인겔라덴 이스트 — 일반적으로 초대받을 때 어떤 선물을 주니?

B **Du könntest eine Flasche Wein oder einen Blumenstrauß als Mitbringsel mitbringen.**
두 쾬테스트 아이네 플라셰 바인 오더 아이넨 블루멘슈트라우스 알시 밑브링젤 밑브링엔
와인 한 병이나 꽃다발을 선물로 가져갈 수 있을 거야.

Letztes Mal war ich bei einer Freundin eingeladen und da habe ich eine Kerze mitgebracht.
레츠테스 말 바 이히 바이 아이너 프러인딘 아인겔라덴 운트 다 하베 이히 아이네 케어체 밑게브락흐트
나는 초대 받았을 때 촛불을 선물로 가져갔었어.

Sie hat sich über mein Geschenk gefreut.
지 할 지히 위버 마인 게셍크 게프로이트 — 그녀는 내 선물에 대해 기뻐했어.

Du könntest etwas Kleines mitbringen, was du dir leisten könntest.
두 칸스트 에트바스 클라이네스 밑브링엔, 바스 두 디어 라이스텐 쾬테스트
네가 금전적으로 감당할 수 있는 작은 것을 가져갈 수 있을 거야.

A **Oh, danke für deine Vorschläge.**
오, 당케 퓨어 다이네 포어슐래게 — 아, 제안 고마워.

Ich bringe dann einen Strauß Rosen mit.
이히 브링에 단 아이넨 슈트라우스 로젠 밑 — 그럼 장미 꽃다발을 가져갈게.

Die Familie wohnt nämlich in der Rosastraße.
디 파밀리에 본트 냄리히 인 데어 로자슈트라세 — 그 가족은 Rosa길에 살고 있거든.

문장 패턴

- **Ich weiß nicht, wer du bist.**
  이히 바이스 니히트, 베어 두 비스트
  나는 네가 누구인지 모른다.
- **Wir wissen nicht, wo wir sind.**
  비어 비센 니히트, 보 비어 진트
  우리는 우리가 어디에 있는지 모른다.
- **Könnten Sie mir sagen, wo das Rathaus liegt?**
  쾬텐 지 미어 자겐, 보 다스 라트하우스 릭트
  당신은 저에게 시청이 어디에 있는지 말해주실 수 있을까요?
- **Was könnte ich machen, wenn ich eine Woche lang Urlaub habe?**
  바스 쾬테 이히 마헨, 벤 이히 아이네 보헤 랑 우얼라우프 하베
  만일 내가 일주일의 휴가를 가진다면 뭘 할 수 있을까?
- **Du könntest mir etwas Wichtiges sagen,**
  두 쾬테스트 미어 에트바스 비히티게스 자겐
  너는 나에게 무엇인가 중요한 것을 말해줄 수 있을 거야.

  was du mir noch nicht erklärt hast.
  바스 두 미어 노흐 니히트 에어클래어트 하스트
  네가 나에게 아직 설명하지 않았던.

MEMO

풀어보기

[01-05] 다음 빈칸에 알맞은 말을 고르세요.

01

Er fragte, ________ der Zug nach Berlin fährt.

1) wo
2) wann
3) was
4) wer

02

Sie wollte wissen, ________ das Konzert stattfindet.

1) wo
2) wann
3) was
4) wer

03

________ Sie mir bitte erklären, wie man diese Aufgabe löst?

1) Hätten
2) Dürfen
3) Sollen
4) Könnten

04

Wann kommst du zur Party,
_________ du heute noch arbeiten musst?

1) als
2) wer
3) wo
4) wenn

05

Was ist das, _________ du gerade isst?

1) das
2) etwas
3) was
4) nichts

해설

01 "기차가 언제 베를린으로 가는지 물었다."라는 뜻이므로, 가장 적절한 답은 wann입니다.
02 콘서트가 열리는 것을 알고 싶었다는 것이기 때문에 wo(어디에서)가 가장 적절합니다.
03 나에게 설명해주실 수 있냐는 질문이기 때문에 Könnten이 정답입니다.
04 "네가 오늘 더 일해야 한다면"이라는 조건절이기 때문에 wenn이 정답입니다.
05 선행사가 das이므로 was를 사용해야 합니다.

내 선물에 그 친구가 기뻐했어요.

기본 학습

전화 통화 규칙

① 전화를 받는 사람은 [소속단체-이름-인사] 순으로 전화를 받습니다.

- **Firma Teletec, Anna Lee. Guten Tag!** Teletec회사의 이안나입니다. 안녕하세요!
  [피어마 텔레텍, 안나 리. 구텐 탁]

② 전화 건 사람이 누구인지 물어볼 때

- **Wer ist am Apparat, bitte?** 전화 받고 계신 분이 누구죠?
  [베어 이스트 암 아파랕, 비테]

③ 자신을 3인칭화 시키기

예 Hier spricht Schmidt. 저는 Schmidt입니다. (성으로 자기 자신을 표현)
Hier ist Minsu Kim. 저는 김민수입니다.
Ich bin es. (=Ich bin's.) 나야. (친한 사이에서 자주 쓰는 표현)
* 주의: Ich bin Minsu Kim. (X) 전화에서는 이렇게 자신을 소개하지 않습니다!

부가의문문 : ~, oder?

평서문을 쓰고 쉼표를 찍은 후 oder?를 붙이면 "그렇지 않아?"라는 뜻의 부가의문문이 됩니다. 비슷한 것으로 [~, nicht wahr?]도 있습니다.

관계대명사

관계대명사는 앞의 명사를 부가설명하기 위한 문법적 장치로서, 앞의 명사(선행사)의 성에 영향을 받습니다. 관계대명사의 격은 관계절 내에서 관계대명사가 갖는 격으로 규정됩니다. 관계절 내에서 동사는 후치됩니다! 성과 격에 따른 관계대명사를 살펴보실게요!

〈관계대명사〉

	남성	여성	중성	복수
1격	der	die	das	die
2격	dessen	deren	dessen	deren
3격	dem	der	dem	denen
4격	den	die	das	die

*정관사 표와 유사하지만 모든 성의 2격과 복수 3격의 형태가 상이하니 주의해서 암기하도록 합시다!

- **Der Student, der mir Blumen gibt, heißt Peter.**
  [데어 슈투덴트, 데어 미어 블루멘 깁트, 하이스트 페터]
  나에게 꽃을 주는 학생의 이름은 Peter이다.
- **Sara ist die Lehrerin, deren Schwester an der Uni Biologie studiert.**
  [자라 이스트 디 레러린, 데렌 슈베스터 안 데어 우니 비올로기 슈투디어트]
  Sara는 그녀의 여자형제가 대학에서 생물학을 전공하는 교사이다.

독일 가정에 초대받고 와서 친구에게 재미있었던 그날의 이야기를 들려줍시다! 이번엔 전화를 걸어 이야기해 보아요! 아래의 대화는 전화로 하는거예요.(Am Telefon)

A **Hallo, Robert! Ich bin's, Hana.**
할로, 로베어트 이히 빈스, 하나
안녕, Robert! 나야, 하나야.

B **Hey, Hana.**
헤이, 하나
안녕, 하나.

Wie war das Abendessen bei der deutschen Familie?
비 바 다스 아벤트에센 바이 데어 도이첸 파밀리에
독일 가족과 함께한 저녁식사는 어땠어?

Du hast doch Blumen mitgebracht, oder?
두 하스트 도흐 블루멘 밑게브라흐트, 오더
꽃을 가져갔다고 했지?

A **Ja, die ganze Familie hat sich darüber sehr gefreut.**
야, 디 간체 파밀리에 할 지히 다뤼버 제어 게프로이트 — 응, 가족 모두가 정말 기뻐했어.

Besonders hat sich Sara riesig gefreut, die die kleinste Tochter ist.
베존더스 할 지히 자라 리지히 게프로이트, 디 디 클라인스테 토흐터 이스트
특히 제일 작은 딸인 Sara가 정말 좋아했어.

Sie mag Blumen sehr gern.
지 막 블루멘 제어 게언 — 그녀는 꽃을 아주 좋아해.

B **Und wie war das Abendessen?**
운트 비 바 다스 아벤트에센 — 그럼 저녁식사는 어땠어?

War es typisch deutsch?
바 에스 튀피쉬 도이치 — 전형적인 독일식이었나?

A **Ja. Wir hatten Schweinebraten mit Kartoffelsalat.**
야. 비어 하텐 슈바이네브라텐 밑 카토펠잘라트 — 응, 우리는 돼지고기 구이와 감자 샐러드를 먹었어.

Und ich habe zum ersten Mal Knödel probiert.
운트 이히 하베 쭘 에어스텐 말 크뇌델 프로비어트 — 그리고 처음으로 크뇌델을 먹어봤어.

Das hat mir super geschmeckt!
다스 할 미어 주퍼 게슈멕트 — 정말 맛있었어!

B **Da bin ich froh für dich!**
다 빈 이히 프로 퓨어 디히 — 그래 다행이야!

문장 패턴

- **Du hast mich angerufen, oder?**
  두 하스트 미히 안게루펜, 오더 — 너 나에게 전화했지, 그치?
- **Er hat zum ersten Mal eine Freundin, oder?**
  에어 할 쭘 에어스텐 말 아이네 프로인딘, 오더 — 그는 여자친구가 처음 생긴 거지, 그치?
- **Das ist das Buch, das ich gestern gekauft habe.**
  다스 이스트 다스 부흐, 다스 이히 게스턴 게카우프트 하베 — 이것은 내가 어제 산 그 책이다.
- **Der Mann, der dort steht, ist mein Bruder.**
  데어 만, 데어 도어트 슈테트, 이스트 마인 브루더
  저기에 서 있는 그 남자는 나의 남자형제이다.

- **Die Blumen, die im Garten blühen, sind wunderschön.**
  디 블루멘, 디 임 가-텐 블뤼엔, 진트 분더쇼엔 정원에서 피는 그 꽃들은 아름답다.
- **Ich kenne jemanden, der dir helfen kann.**
  이히 케네 예만덴, 데어 디어 헬펜 칸 나는 너를 도와줄 누군가를 알고 있다.

MEMO

풀어보기

[01-05] 다음 빈칸에 알맞은 말을 고르세요.

01

Wo ist die Brille, ________ du mir gegeben hast?

1) der
2) die
3) das
4) den

02

Wie heißt der Mann, ________ du liebst?

1) der
2) die
3) das
4) den

03

Ich kenne die Frau, ________ Tochter Anwältin ist.

1) deren
2) die
3) dessen
4) denen

04

Das ist der Mann, ________ mir geholfen hat.

1) der
2) die
3) das
4) den

05

Zum ________ Mal fliege ich nach Deutschland.

1) erst
2) ersten
3) erstem
4) erste

해설

01 ② 여성 4격의 관계대명사는 die입니다.

02 ④ 남성 4격의 관계대명사는 den입니다.

03 ① 여성 2격의 관계대명사는 deren입니다.

04 ① 남성 1격의 관계대명사는 der입니다.

05 ② "처음으로"라는 표현은 zum ersten Mal입니다.

마인츠 대성당에 어떻게 가나요?

기본 학습

4격 지배 전치사

4격 지배 전치사 entlang은 특이하게 명사 뒤에 후치되는 전치사입니다. 4격을 받고 주로 길게 늘어진 장소를 "따라서"라는 뜻으로 쓰입니다.

- **die Straße entlang** [디 슈트라세 엔틀랑] 그 도로를 따라서
- **den Fluss entlang** [덴 플루스 엔틀랑] 그 강을 따라서
- **den Weg entlang** [덴 벡 엔틀랑] 그 길을 따라서

4격을 받는 동사

4격을 받는 동사 erreichen은 한국어로 해석하면 "도달하다, (연락 등이) 닿다"라는 뜻입니다. 한국어로 해석하면 도달하고, 닿아야 하기 때문에 전치사가 필요할 것 같지만 4격 목적어를 바로 취하는 동사입니다. 간혹 시험에서 전치사를 넣어서 함정을 파기도 하는 동사이니 주의합시다!

- **Wir erreichen Hamburg Hauptbahnhof.**
  [비어 에어라이헨 함부어크 하웁트반호프]
  우리는 함부르크 중앙역에 도착하고 있습니다.
- **Ich kann dich nicht erreichen.**
  [이히 칸 디히 니히트 에어라이헨]
  나는 너에게 연락을 닿을 수가 없이.

독일에서 여러분이 꼭 가 보셨으면 하는 곳 중 하나가 바로 Mainz입니다! 마인츠 대성당의 그 웅장함과 고요함, 그 속의 장엄함!!! 여러분도 느껴 보셨으면 좋겠어요. 이렇게 꼭 가 보고 싶은 곳을 가는 방법을 묻고 답하는 방법, 알아 두면 요긴하겠죠?

A **Entschuldigen Sie, können Sie mir bitte den Weg zum Mainzer Dom zeigen?**
엔츌디겐 지, 쾨넨 지 미어 비테 덴 벡 쭘 마인처 돔 차이겐
죄송한데, 마인츠 대성당으로 가는 길을 알려주실 수 있을까요?

B **Natürlich, gerne.**
나튜얼리히, 게아네
물론이죠, 기꺼이 도와 드릴게요.

Sie müssen nur diese Straße hier entlang gehen und dann an der nächsten Kreuzung nach rechts abbiegen.
지 뮤센 누어 디제 슈트라세 히어 엔틀랑 게엔 운트 단 안 데어 내히스텐 크로이충 나흐 레히츠 압비겐
이 길을 따라가다가 다음 교차로에서 오른쪽으로 꺾으시면 돼요.

A **Vielen Dank. Ist es weit?**
필렌 당크. 이스트 에스 바이트
감사합니다. 멀리 있나요?

B **Nein, es ist nicht weit.**
나인, 에스 이스트 니히트 바이트
아니요, 멀지 않아요.

Sie werden den Dom in etwa 10 Minuten erreichen.
지 베어덴 덴 돔 인 에트바 첸 미누텐 에어라이헨
대성당까지 걸어서 약 10분 정도 걸릴 거예요.

Es ist ein imposantes Gebäude, Sie können es nicht verfehlen.
에스 이스트 아인 임포잔테스 게보이데, 지 쾨넨 에스 니히트 페어펠렌
그 건물은 아주 장엄하니까 놓치실 수 없을 거예요.

A **Das klingt gut.**
다스 클링트 굳
좋아요.

Gibt es eine besondere Zeit, zu der ich den Dom besichtigen sollte?
깁트 에스 아이네 베존더레 차이트, 추 데어 이히 덴 돔 베지히티겐 졸테
특별한 볼 시간이 있을까요?

B **Der Dom ist den ganzen Tag über geöffnet,**
데어 돔 이스트 덴 간첸 탁 위버 게외프넽
대성당은 하루 종일 열려 있지만,

aber es kann zu Stoßzeiten ziemlich voll sein.
아버 에스 칸 추 슈토스차이텐 침리히 폴 자인
피크 시간에는 꽤 붐빕니다.

B **Wenn Sie die Ruhe genießen möchten,**
벤 지 디 루에 게니센 뫼히텐
조용히 즐기고 싶다면,

empfehle ich einen Besuch am frühen Morgen oder später am Nachmittag.
엠펠레 이히 아이넨 베주흐 암 프뤼엔 모어겐 오더 슈페터 암 나흐미탁
일찍 아침이나 오후 늦게 방문하는 것을 추천해요.

A **Vielen Dank für die Tipps.**
필렌 당크 퓨어 디 팁스
도움 주셔서 감사합니다.

Ich freue mich schon darauf, den Mainzer Dom zu sehen.
이히 프로이에 미히 숀 다라우프, 덴 마인처 돔 추 제엔
마인츠 대성당을 보러 가는 것이 기대돼요.

B **Gern geschehen!**
게언 게셰엔
별 말씀을요!

Ich hoffe, Sie haben einen schönen Besuch.
이히 호페, 지 하벤 아이넨 쇠에넨 베주흐
즐거운 방문 되시길 바랍니다.

문장 패턴

- **Gehen Sie die Straße entlang.**
  게엔 지 디 슈트라세 엔틀랑
  이 길을 따라 가세요.
- **Fahren Sie den Fluss entlang und an der Kreuzung rechts.**
  파렌 지 덴 플루스 엔틀랑 운트 안 데어 크로이충 레히츠
  이 강을 따라 가서 교차로에서 우회전하세요.
- **Ich spaziere am Fluss entlang.**
  이히 슈파찌레 암 플루스 엔틀랑
  나는 강가를 따라 산책한다.
- **Sie können mich auf dem Handy erreichen.**
  지 쾨넨 미히 아우프 뎀 핸디 에어라이헨
  당신은 저에게 휴대폰으로 연락할 수 있습니다.
- **Seit langem erreiche ich meinen Freund nicht.**
  자이트 랑엠 에어라이헤 이히 마이넨 프로인트 니히트
  오래 전부터 나는 내 친구와 연락이 닿지 않는다.

풀어보기

[01-03] 다음 빈칸에 알맞은 말을 고르세요.

01

Er erreicht jetzt ________ Stadt.

1) den
2) zu der
3) in die
4) die

02

Der Mann läuft ________ Fluss entlang.

1) dieser
2) diesen
3) diesem
4) diese

03

Ich kann ________ Mainzer Dom erreichen.

1) den
2) zu der
3) in die
4) die

01 ④ erreichen은 4격을 취하고 Stadt는 여성이므로 die가 정답입니다.

02 ② 강은 남성이고 남성 4격을 취해야 하므로 diesen이 정답입니다.

03 ① Dom은 남성명사이고 4격을 취해야 하므로 den이 정답입니다.

38 오늘 도로에 사고가 있어서 그 전시를 놓쳤어요.

기본 학습

수동의 의미를 나타내는 과거분사

독일어 동사는 [현재-과거-과거분사]형이 있습니다. 과거분사형은 주로 현재완료나 수동태를 나타낼 때 쓰이죠. 그런데 이 과거분사를 단독으로 마치 형용사처럼도 쓸 수 있습니다. 대부분의 동사의 과거분사는 수동의 의미를 가지고 있는 것으로 해석합니다.

예 machen 하다, 만들다 ➡ gemacht 이루어진, 만들어진

• 형용사처럼 자주 쓰이는 과거분사 형태

talentiert 재능 있는 (탤런트를 부여받은)　　gesapannt 기대되는 (긴장감을 부여받은)

능동의 의미를 가지는 현재분사

독일어는 현재진행 시제가 없습니다. 하지만 동사를 이용하여 현재분사를 만들 수 있습니다. 이는 형용사로만 쓰이며 명사를 수식합니다. 형태는 동사의 현재형(원형)에 d를 결합시킵니다. 의미는 능동의 의미와 진행의 의미를 가지고 있습니다.

예 reisen 여행하다 ➡ reisend 여행하는 중인

• 형용사처럼 자주 쓰이는 현재 분사

faszinierend 매혹적인 (매혹하는 중인)
beeindruckend 깊은 인상을 주는
spannend 흥미로운 (긴장감을 주는 중인)

독일의 교통 상황도 한국과 마찬가지로 다이내믹합니다. 일어날 수도 있는 뜻밖의 상황에서 쓰이는 표현들을 공부해 보아요! 독일에서 당황하지 않게 말이에요.

A **Hallo, wie war die Ausstellung von Mia Müller gestern?**
할로, 비 바 디 아우스슈텔룽 폰 미아 뮐러 게스턴 안녕, 어제 미아 뮐러의 전시회 어땠어?

B **Oh, ich konnte leider nicht hingehen.**
오, 이히 콘테 라이더 니히트 힌게엔 아, 나는 가지 못했어.

Es gab einen schlimmen Unfall auf der Autobahn, und ich steckte im Stau fest.
에스 갑 아이넨 슐리멘 운팔 아우프 데어 아우토반, 운트 이히 슈테크테 임 슈타우 페스트
고속도로에서 큰 사고가 있어서 교통 정체 때문에 갇혔어.

A **Das tut mir leid zu hören.**
다스 툳 미어 라이트 추 회렌 그걸 들으니 안타깝다.

Mia Müller ist wirklich eine talentierte Künstlerin.
미아 뮐러 이스트 비어클리히 아이네 탈렌티에터 퀸스틀러린 미아 뮐러는 정말 재능 있는 화가야.

Ihre Werke sind immer so faszinierend.
이어레 베어케 진트 임머 조 파스치니어렌트 그녀의 작품들은 항상 매력적이야.

B **Ja, das habe ich gehört.**
야, 다스 하베 이히 게회어트 응, 그걸 들었어.

Ich war wirklich gespannt darauf, ihre neuesten Arbeiten zu sehen.
이히 바 비어클리히 게슈판트 다라우프, 이어레 노이에스텐 아-바이텐 추 제엔
정말 기대했어, 그녀의 최신 작품을 볼 수 있을 거라고.

Kannst du mir erzählen, was du von der Ausstellung gehalten hast?
칸스트 두 미어 에어챌렌, 바스 두 폰 데어 아우스슈텔룽 게할텐 하스트
너는 전시회에 대해서 어떻게 생각했어?

A **Es war großartig!**
에스 바 그로스아티히 정말 멋졌어!

Mia hat eine völlig neue Richtung eingeschlagen und mit abstrakter Kunst experimentiert.
미아 할 아이네 푈리히 노이에 리히퉁 아인게슐라겐 운트 밑 압슈트락터 쿤스트 엑스페리멘티어트
미아는 완전히 새로운 방향으로 나아갔고, 추상 예술에 도전했어.

A **Die Farben und Formen in ihren Gemälden waren wirklich beeindruckend.**
디 파-벤 운트 포어멘 인 이어렌 게맬덴 바렌 비어클리히 베아인드룩켄트
그림 속 색상과 형태는 정말 인상적이었어.

B **Das klingt wirklich spannend.**
다스 클링트 비어클리히 슈파넨트
정말 흥미로워 보여.

Ich ärgere mich, dass ich es verpasst habe.
이히 애어거레 미히, 다스 이히 에스 페어파스트 하베
나는 그것을 놓쳤다는 게 정말 아쉬워.

Wirst du mir ein paar Fotos von der Ausstellung zeigen?
비어스트 두 미어 아인 파 포토스 폰 데어 아우스슈텔룽 차이겐
전시회에서 몇 장의 사진을 보여 줄 수 있을까?

A **Natürlich, ich habe einige Fotos gemacht.**
나튜얼리히, 이히 하베 아이니게 포토스 게마흐트
물론, 몇 장의 사진을 찍었어.

Ich schicke sie dir gleich per Nachricht.
이히 쉬케 지 디어 글라이히 페어 나흐리히트
메시지로 곧 보내 줄게.

B **Danke, das ist sehr nett von dir.**
당케, 다스 이스트 제어 넽 폰 디어
고마워, 정말 친절하구나.

Ich hoffe, ich kann beim nächsten Mal dabei sein, wenn Mia Müller wieder ausstellt.
이히 호페, 이히 칸 바임 내히스텐 말 다바이 자인, 벤 미아 뮐러 비더 아우스슈텔트
미아 뮐러가 다음에 다시 전시를 하는 경우에는 반드시 참석할 수 있으면 좋겠어.

A **Das hoffe ich auch.**
다스 호페 이히 아우흐
나도 그렇게 희망해.

Es lohnt sich auf jeden Fall, ihre Kunstwerke live zu erleben.
에스 론트 지히 아우프 예덴 팔, 이어레 쿤스트베어케 라이프 추 에어레벤
그녀의 작품들을 실제로 경험하는 것은 분명 가치가 있어.

문장 패턴

- **Der Film ist spannend.**
  데어 필름 이스트 슈파넨트
  그 영화는 흥미롭다.
- **Es gibt viele faszinierende Orte in Deutschland.**
  에스 깁트 필레 파스치니어렌데 오어테 인 도이칠란트
  독일에는 많은 매혹적인 장소들이 있다.
- **Der Vortrag war sehr beeindruckend.**
  데어 포어트락 바 제어 베아인드룩켄트
  그 강연은 매우 인상 깊었다.
- **Er ist ein talentierter Pilot.**
  에어 이스트 아인 탈렌티어터 필롵
  그는 재능 있는 파일럿이다.
- **Die gemachten Fotos gefallen mir gut.**
  디 게마흐텐 포토스 게팔렌 미어 궅
  그 찍혀진 사진들이 내 마음에 든다.
- **Da steht ein weinendes Kind.**
  다 슈텥 아인 바이넨데스 킨트
  저기에 한 울고 있는 아이가 서있다.
- **Das ist der von mir geschriebene Brief.**
  다스 이스트 데어 폰 미어 게슈리베네 브리프
  이것은 나에 의해 쓰여진 편지이다.

MEMO

풀어보기

[01-05] 다음 빈칸에 알맞은 말을 고르세요.

01

Deine Präsentation ist ________.

1) fasziniert
2) faszinierend
3) gespannt
4) talentiert

02

Er ist ein ________ Mann.

1) reisender
2) reisende
3) reisendes
4) reisend

03

Dein Deutsch ist ________.

1) ausreichend
2) ausgereicht
3) ausreichende
4) ausreichendes

04

Der Text ist ________.

1) geschreiben

2) geschreibt

3) geschrieben

4) geschreibend

05

Die Ausstellung ist ________.

1) spannent

2) spannend

3) gespannte

4) gespannt

01 ② 프레젠테이션이 주어이기 때문에 "매혹적인"이라는 뜻을 가진 faszinieren가 가장 적절합니다.

02 ① "그는 하나의 여행 중인 남자이다."라는 문장이고 "여행 중인"이라는 현재분사에 적절하게 형용사 어미변화 혼합변화 남성 1격으로 reisender가 정답입니다.

03 ① "너의 독일어는 충분하다."라는 의미이므로, "충족하다"라는 동사의 현재분사형인 ausreichend이 정답입니다.

04 ③ "그 글은 쓰여져 있다."는 수동의 의미를 나타내야 하므로 과거분사인 geschrieben가 쓰여야 합니다.

05 ② 그 전시는 흥미로워야 하고, 능동의 의미를 나타내야 하므로 spannend의 형태가 가장 적절합니다.

그 티켓은 할인될 수 있을 거예요.

기본 학습

할인을 나타내는 표현

본문에는 크게 두 가지의 할인의 표현이 등장하지만 더 많은 할인의 표현들이 있습니다. 구매할 때 기분 좋아지는 할인 혜택에 관련된 표현들을 공부해 봅시다!

ermäßigen	할인하다	ermäßigt	할인 된(과거분사)
die Ermäßigung	할인	der Rabatt	할인
den Rabatt geben	할인해 주다	reduzieren	감소시키다
reduziert	감소된, 할인 된(과거분사)	billiger	더 싼(billig의 비교급)
günstiger	더 저렴하게(günstig의 비교급)	gratis	사은품으로, 공짜로

상황 연습

독일은 연극이 유명한 것 알고 계시나요? 연극 및 많은 뮤지컬 작품들이 활발하게 상영 중이랍니다. 이런 작품들을 할인 받을 수 있는 방법도 다양한데요, 이와 관련된 표현을 배워서 독일에서 멋진 연극 한 편 관람해 보는 것 어떨까요?

A **Guten Abend!**
구텐 아벤트
안녕하세요!

Ich würde gerne eine Eintrittskarte für das Theaterstück heute Abend kaufen.
이히 뷰어데 게아네 아이네 아인트리츠카아테 퓨어 다스 테아터슈튝 호이테아벤트 카우펜
오늘 저녁 연극을 보러 표 한 장 구매하려고 합니다.

B **Guten Abend!**
구텐 아벤트
안녕하세요!

Natürlich, wie viele Karten benötigen Sie?
나튜얼리히, 비 필레 카–텐 베뇌티겐 지
물론이죠, 몇 장 필요하신가요?

A **Nur eine, bitte.**
누어 아이네, 비테 한 장만 부탁드립니다.

Und ich wollte fragen, ob es irgendwelche Ermäßigungen gibt.
이히 볼테 프라겐, 옵 에스 이어겐트벨혜 에어매시궁엔 깁트
그리고 할인 옵션이 있는지 여쭤보고 싶어요.

Ich bin Studentin.
이히 빈 슈투덴틴 저는 학생이거든요.

B **Ermäßigungen? Einen Moment, bitte. Ich muss nachsehen.**
에어매시궁엔 아이넨 모멘트, 비테. 이히 무스 나흐제엔 할인이요? 잠시만요. 확인해봐야 해요.

...

B **Ja, tatsächlich haben wir eine Studentenermäßigung.**
야, 탙재힐리히 하벤 비어 아이네 슈투덴텐에어매시궁 네, 실제로 학생 할인이 있어요.

Sie erhalten 20 % Rabatt auf den regulären Ticketpreis.
지 에어할텐 츠반치히 프로첸트 라바트 아우프 덴 레굴래렌 티켙프라이스
정상 티켓 가격에서 20% 할인받을 수 있어요.

A **Das ist großartig!**
다스 이스트 그로스아티히 그게 훌륭해요!

Ich werde die ermäßigte Karte nehmen, bitte.
이히 베어데 디 에어매시크테 카-테 네멘, 비테 할인 티켓으로 주세요.

B **In Ordnung.**
인 오어트눙 알겠어요.

Hier ist Ihre ermäßigte Eintrittskarte.
히어 이스트 이어레 에어매시크테 아인트리츠카-테 여기 할인 티켓이에요.

Das macht dann 18 Euro.
다스 마흐트 단 악흐첸 오이로 18유로입니다.

A **Vielen Dank! Ich freue mich schon auf die Vorstellung.**
필렌 당크 이히 프로이에 미히 숀 아우프 디 포어슈텔룽 감사합니다! 공연이 기대돼요!

B **Gern geschehen!**
게언 게셰엔 천만에요!

Genießen Sie die Vorstellung, und einen schönen Abend noch!
게니센 지 디 포어슈텔룽, 운트 아이넨 쇼에넨 아벤트 노흐 공연 즐기세요, 좋은 저녁 되세요!

- **Das Ticket ist 15 % ermäßigt.**
  다스 티켙 이스트 퓐프첸 프로첸트 에어매시크트 — 이 티켓은 15% 할인되었다.
- **Wir erhalten den 20 Prozent Rabatt.**
  비어 에어할텐 덴 츠반치히 프로첸트 라바트 — 우리는 20퍼센트의 할인을 받는다.
- **Ich habe die Karte billiger gekauft.**
  이히 하베 디 카–테 빌리거 게카우프트 — 나는 그 표를 더 싸게 구매했다.
- **Das Glas habe ich gratis bekommen.**
  다스 글라스 하베 이히 그라티스 베코멘 — 이 유리잔을 나는 사은품으로 받았다.
- **Gibt es eine Studentenermäßigung?**
  깁트 에스 아이네 슈투덴텐에어매시궁 — 대학생 할인이 있습니까?
- **Der Preis ist 50% reduziert!**
  데어 프라이스 이스트 퓐프치히 프로첸트 레두치어트 — 그 금액은 50% 감소되었다!

MEMO

풀어보기

[01-03] 다음 빈칸에 알맞은 말을 철자에 유의하며 직접 써보세요.

01

Es gibt eine ________ bei dem Eintritt.

입장 시 할인이 있다.

➡ ______________________________

02

Das Ticket ist im Sonderangebot. Es ist 50% ________.

이 티켓은 특가 세일 중이다. 이것은 50% 할인되었다.

➡ ______________________________

03

Man kann das Ticket ________ kaufen.

그 티켓을 더 저렴하게 살 수 있다.

➡ ______________________________

해설

01 여성명사이므로 Ermäßigung

02 할인된: ermäßigt

03 더 저렴한: günstiger

40 내일 그 도시를 가는 것이 매우 기대돼요.

기본 학습

인지하고 있음을 나타내는 동사

무엇인가에 대해 잘 알고 있음을 나타내는 동사, sich auskennen mit/in

사물이나 장소에 대해 잘 알고 있을 때, kennen이라는 동사만 쓰기에는 뭔가 부족할 때 자주 쓰이는 재귀동사이자 분리동사인 sich auskennen을 소개합니다. 독일인들이 정말 자주 쓰는 표현입니다. 길을 묻기 전에 상대방에게 이 근방에 대해 잘 알고 있는지 물을 때도 쓰입니다.

예 Ich kenne mich in dieser Stadt gut aus. 나는 이 도시를 잘 알고 있다.
[이히 케네 미히 인 디저 슈탙 궅 아우스]

특정 전치사와 쓰이는 표현

감사의 인사를 할 때 Danke!라고 자주 말하잖아요! 이는 danken이라는 동사에서 왔습니다. 누군가에게 무엇에 대해 감사의 인사를 전할 때는 전치사 für와 함께 쓰입니다.

예 Ich danke dir für das schöne Geschenk. 나는 네게 이 멋진 선물에 대해 감사해.
[이히 당케 디어 퓨어 다스 쇼에네 게솅크]

응대 표현

상대방에게 언제든 문의할 수 있는 상태로 있겠다는 친절한 표현, zur Verfügung stehen

직역하자면 "(상대에게) 내가 가용한(사용 가능한) 상태로 서 있겠다"라는 뜻입니다. 주로 기업체에서 고객에게 자주 쓰는 말이지만, 사람과 사람 사이에도 충분히 자주 쓰이는 표현입니다.

예 Für weitere Fragen stehe ich Ihnen gerne zur Verfügung.
[퓨어 바이터레 프라겐 슈테에 이히 이넨 게아네 추어 페어퓨궁]

다른 질문들에 대해서 제가 당신에게 기꺼이 도움을 줄 수 있게 서 있겠습니다.
(언제든지 문의 주세요.)

상황 연습

여러분, 브레멘에 가 보셨나요? 브레멘이라고 하면 뭐가 먼저 떠오르세요? 단연 브레멘 음악대이지요! 브레멘에 가면 이 브레멘 음악대 동상이 있답니다. 가장 아래에 있는 당나귀의 다리를 잡고 사진을 찍으면 그 사람은 반드시 다시 브레멘을 방문하게 된다는 전설이 있어요. 그래서 그 당나귀의 앞 다리 칠이 조금 벗겨져 있지요. 재미있는 전설이지요?

A **Hallo! Ich fahre morgen nach Bremen, aber ich kenne mich dort nicht aus.**
할로 이히 파래 모어겐 나흐 브레멘, 아버 이히 케네 미히 도어트 니히트 아우스
안녕! 나 내일 브레멘으로 가는데, 그곳에 대해서 잘 모르겠어.

Hast du Tipps, was ich unbedingt sehen sollte?
하스트 두 팁스, 바스 이히 운베딩트 제엔 졸테
꼭 봐야 할 곳이나 팁이 있을까?

B **Hallo! Klar, ich kenne Bremen ziemlich gut.**
할로 클라, 이히 케네 브레멘 침리히 굳
안녕! 물론이지, 나는 브레멘을 꽤 잘 알고 있어.

Du solltest auf jeden Fall den Marktplatz besuchen.
두 졸테스트 아우프 예덴 팔 덴 마크트플라츠 베주헨
꼭 가봐야 하는 곳은시장터야.

Dort findest du das berühmte Bremer Rathaus und die St. Petri-Domkirche.
도어트 핀데스트 두 다스 베륌테 브레머 라트하우스 운트 디 장트 페트리 돔키어혜
거기에는 유명한 브레멘 시청과 성페트리 돔 교회가 있어.

Es ist ein historischer und malerischer Ort.
에스 이스느 아인 히스토리셔 운트 말러리셔 오어트
그곳은 역사적이고 아름다운 장소야.

A **Das klingt interessant.**
다스 클링트 인터레산트
흥미로워 보여.

Gibt es noch andere Sehenswürdigkeiten?
깁트 에스 노흐 안더레 제엔스뷰어디히카이텐
다른 볼거리는 어떤 게 있니?

B **Ja, die Bremer Stadtmusikanten sind ein Muss.**
야, 디 브레머 슈타트무지칸텐 진트 아인 무스
응, 브레멘 음악대는 필수이지.

Es ist eine Bronzestatue, die auf einem Märchen der Brüder Grimm basiert.
에스 이스트 아인 브론체슈타투어, 디 아우프 아이넴 매어헨 데어 브뤼더 그림 바지어트
그것은 그림 형제의 동화를 기반으로 한 동상이야.

B **Sie ist ein Wahrzeichen der Stadt.**
지 이스트 아인 바차이헨 데어 슈탇 그것은 도시의 상징물이야.

A **Das möchte ich auf jeden Fall sehen.**
다스 뫼히테 이히 아우프 예덴 팔 제엔 꼭 가보고 싶다.

Danke für die Tipps.
당케 퓨어 디 팁스 조언 고마워.

Ich freue mich schon auf meine Reise nach Bremen.
이히 프로이에 미히 숀 아우프 마이네 라이제 나흐 브레멘 브레멘 여행이 기대돼!

B **Kein Problem!**
카인 프로블렘 별말씀을!

Ich wünsche dir eine tolle Zeit in Bremen.
이히 뷘셰 디어 아이네 톨레 차이트 인 브레멘 브레멘에서 멋진 시간 보내.

Wenn du noch Fragen hast, stehe ich gerne zur Verfügung.
벤 두 노흐 프라겐 하스트, 슈테에 이히 게아네 추어 페어퓨궁 궁금한 게 있으면 언제든지 물어봐.

문장 패턴

- **Ich stehe für dich immer zur Verfügung.**
  이히 슈테에 퓨어 디히 임머 추어 페어퓨궁
  나는 너를 위해 언제나 사용 가능한 상태로 있을게 (언제든 도움이 필요하면 나에게 말해).
- **Vielen Dank für alles.**
  필렌 당크 퓨어 알레스 모든 것에 대해 매우 감사 드립니다.
- **Er kennt sich sehr gut mit dem Computer aus.**
  에어 켄트 지히 제어 굳 밑 뎀 콤퓨터 아우스 그는 컴퓨터에 대해 잘 안다.
- **Kennen Sie sich hier gut aus?**
  케넨 지 지히 히어 굳 아우스 여기 근처 잘 아세요?
- **Mein Sohn dankt mir für das Weihnachtsgeschenk.**
  마인 존 당크트 미어 퓨어 다스 바이나흐츠게셍크
  나의 아들은 나에게 크리스마스 선물에 대해 감사한다.

풀어보기

[01-04] 다음을 독일어로 작문해 보세요.

01

너는 이 도시에 대해 잘 아니?

➡ ______________________

02

우리는 사용 가능한 상태로 서 있겠어요.

➡ ______________________

03

너의 도움에 대해 고마워.

➡ ______________________

04

나는 유감스럽게도 이 나라에 대해 잘 몰라.

➡ ______________________

해설

01 Kennst du dich in dieser Stadt gut aus?

02 Wir stehen (Ihnen) zur Verfügung.

03 Ich danke dir für deine Hilfe.

04 Ich kenne mich leider mit diesem Land nicht gut aus.

05장

문화 생활

MP3

Lee 이름으로 예약했어요.

기본 학습

예약할 때 쓰는 표현

어떤 이름으로 무엇인가를 예약할 때 쓰는 표현 unter dem Namen

Name는 대표적인 n변화 명사입니다. 이는 '남성약변화명사'라고도 라고도 불리웁니다. 남성약변화명사란 1격을 제외한 2, 3, 4격에서 명사에 n이 추가가 되는 현상을 보이는 남성명사들을 칭합니다. 비단 이름 뿐만 아니라, 예약 번호나 전화번호를 언급할 때도 쓸 수 있습니다.

예 Ich habe unter der Nummer 3056 ein Buch reserviert.
[이히 하베 운터 데어 누머 드라이 눌 핀프 젝스 아인 부흐 레저비어트]
저는 3056번으로 책 한 권을 예약했습니다.

비분리전철 앞에 분리 전철이 붙으면

분리인 듯 비분리인 듯? 비분리전철 앞에 분리 전철이 붙으면?

독일어 동사 중 분리전철과 비분리전철이 함께 쓰여 있는 특이한 형태의 동사들이 간혹 발견됩니다. 대표적인 동사가 vorbereiten입니다. Vor는 대표적인 분리 전철로서, "사전에, 미리"의 뜻을 부가합니다. bereiten은 "마련하다"의 뜻이고, 이 두 의미가 합쳐진 vorbereiten은 "준비시키다, 준비하다"라는 뜻입니다. 이렇게 특이하게 동사가 만들어졌을 경우, 현재시제에서는 vor를 분리하여 문장 맨 끝에 둡니다. 과거분사를 만들 때는 비분리전철 be의 영향으로 ge가 추가되지 않습니다.

예 Wir bereiten alle Zutaten vor. 우리는 모든 재료들을 준비합니다.
[비어 베라이텐 알레 추타텐 포어]

Wir haben alle Zutaten vorbereitet. 우리는 모든 재료들을 준비했습니다.
[비어 하벤 알레 추타텐 포어베라이텥]

관계대명사 was

형용사의 명사화(추상명사-중성)를 부연설명하는 관계대명사 was

"무엇인가"라는 뜻의 대명사 etwas는 뒤에 형용사를 대문자로 시작하게 받고 형용사 어미변화 강변화 중성의 형태로 어미를 활용하여 "형용사 한 것"이라는 의미를 만듭니다. 이것이 선행사가 되었을 때, 이를 부연설명하기 위한 관계대명사는 반드시 was를 씁니다.

예 Du hast etwas Besonderes, was ich nicht habe.
[두 하스트 에트바스 베존더레스, 바스 이히 니히트 하베]
너는 내가 가지고 있지 않은 무엇인가 특별한 것을 가지고 있다.

상황 연습

호텔에 가거나 숙소에 예약한 내역을 말하고 체크인할 때 필요한 표현을 배워 봅시다! 물론 모든 호텔 직원들이 어느 정도 영어를 잘 하지만, 우리가 독일어로 말을 하면 더 재미있는 대화가 가능할 거예요!

A **Guten Tag, ich habe ein Einzelzimmer unter dem Namen Lee reserviert.**
구텐 탁, 이히 하베 아인 아인첼침머 운터 뎀 나멘 리 레저비어트
안녕하세요, Lee라는 이름으로 싱글룸을 예약했습니다.

B **Guten Tag, Herr Lee.**
구텐 탁, 헤어 리
안녕하세요, Lee님.

Herzlich willkommen in unserem Hotel.
헤어츨리히 빌코멘 인 운저렘 호텔
저희 호텔에 오신 것을 환영합니다.

Ich werde Ihre Reservierung überprüfen.
이히 베어디 이어레 레저비어룽 위버프뤼펜
예약을 확인해보겠습니다.

Einen Moment bitte.
아이넨 모멘트 비테
잠시만 기다려 주세요.

...

Ja, ich habe Ihre Reservierung hier.
야, 이히 하베 이어레 레저비어룽 히어
네, 여기 예약이 확인되었습니다.

Herzlichen Dank für Ihre Buchung.
헤어츨리헨 당크 퓨어 잉어레 부흥
예약해 주셔서 감사합니다.

Wir haben alles für Ihren Aufenthalt vorbereitet.
비어 하벤 알레스 퓨어 이어렌 아우프엔트할트 포어베라이텥
당신의 숙박을 위해 모든 것을 준비했습니다.

A **Das freut mich zu hören.**
다스 프로이트 미히 추 회렌. 이히 호페
좋아요.

Ich hoffe, das Zimmer ist in Ordnung.
다스 침머 이스트 인 오어트눙
방이 괜찮다면 좋겠습니다.

B **Wir haben Ihr Zimmer vorbereitet und es sollte in einwandfreiem Zustand sein.**
비어 하벤 이어 침머 포어베라이텔 운트 에스 졸테 인 아인반트프라이엠 추슈탄트 자인
방은 이미 준비되어 있으며 문제가 없는 상태일 것입니다.

Gibt es noch etwas Besonderes, was **Sie während Ihres Aufenthalts benötigen?**
깁트 에스 노흐 에트바스 베존더레스, 바스 지 배렌트 이어레스 아우프엔트할트 베뇌티겐
숙박 중에 필요한 특별한 요청이 있으실까요?

A **Ich denke, alles wird in Ordnung sein.**
이히 뎅케, 알레스 비어트 인 오어트눙 자인
모든 것이 괜찮을 것 같아요.

Aber könnten Sie mir bitte sagen, wo sich der Frühstücksraum befindet?
아버 쾬텐 지 미어 비테 자겐, 보 지히 데어 프뤼슈툭스라움 베핀델
그런데 아침 식사실이 어디 있는지 알려 주실 수 있을까요?

B **Natürlich, unser Frühstücksrestaurant befindet sich im Erdgeschoss, direkt neben der Hotellobby.**
나튜얼리히, 운저 프뤼슈툭스레스터러 베핀델 지히 임 에어트게쇼스 디렉트 네벤 데어 호텔로비
물론이에요. 우리 아침 식사 레스토랑은 로비 바로 옆에 있는 1층에 있습니다.

Wir servieren das Frühstück von 7:00 bis 10:00 Uhr morgens.
비어 서비-렌 다스 프뤼슈툭 폰 지벤 비스 첸 우어 모어겐스
아침 식사는 오전 7:00부터 10:00까지 제공됩니다.

A **Perfekt, Danke für die Informationen.**
페어펙트, 당케 퓨어 디 인포마치오넨
완벽해요. 정보 감사합니다.

B **Sehr gerne.**
제어 게아네
아주 기꺼이요.

- **Ich reserviere ein Doppelzimmer** unter deinem Namen.
  이히 레저비-레 아인 도펠침머 운터 다이넴 나멘
  나는 네 이름으로 2인실을 예약한다.
- **Du kannst mir eine E-Mail schreiben,** unter der E-Mail-Adresse.
  두 칸스트 미어 아이네 이메일 슈라이벤, 운터 데어 이메일 아드레세
  너는 나에게 그 이메일 주소로 이메일을 쓸 수 있어.
- **Hast du alles** vorbereitet**?**
  하스트 두 알레스 포어베라이텔
  너는 모든 것을 준비했니?
- **Ich habe mich auf die Prüfung** vorbereitet.
  이히 하베 미히 아우프 디 프뤼풍 포어베라이텔
  나는 시험을 (대비해서) 준비했어.
- **Brauchst du** etwas Warmes, was **du trinken kannst?**
  브라우흐스트 두 에트바스 바메스, 바스 두 트링켕 칸스트
  네가 마실 수 있는 무엇인가 따뜻한 것이 필요하니?
- **Ich habe** etwas Interessantes **gelesen,** was **du noch nicht weißt.**
  이히 하베 에트바스 인터레산테스 게레젠, 바스 두 노흐 니히트 바이스트
  나는 네가 아직 모르는 무엇인가 재미있는 것을 읽었어.

MEMO

풀어보기

[01-05] 다음을 독일어로 작문해 보세요.

01

나는 내 이름으로 하나의 1인실을 예약했습니다.

➡ ______________________________

02

그녀는 무엇인가 특별한 것을 준비합니다.

➡ ______________________________

03

그는 무엇인가 재미있는 것을 준비했습니다. (*현재 완료 사용)

➡ ______________________________

04

당신이 필요로 할 무엇인가 특별한 것이 있을까요?

➡ ______________________________

05

내가 준비해야 할 무엇인가 중요한 것이 있습니다.

➡ ______________________________

해설

01 Ich habe ein Einzelzimmer unter meinem Namen reserviert.

02 Sie bereitet etwas Besonderes vor.

03 Er hat etwas Interessantes/Lustiges vorbereitet.

04 Gibt es etwas Besonderes, was Sie brauchen/benötigen?

05 Es gibt etwas Wichtiges, was ich vorbereiten muss.

악천후로 야외 콘서트가 취소됐어요.

기본 학습

지배 전치사 wegen

이유를 나타내는 2격 지배 전치사 wegen

Wegen은 대표적인 2격 지배 전치사로서 영어의 because of와 뜻이 같습니다. 주의해야 할 것은, 남성과 중성 명사 2격에서 명사 자체에 s 혹은 es가 추가된다는 것입니다.

예 Wegen ihrer Schwester [베겐 이어러 슈베스터] 그녀의 여동생 때문에
Wegen ihres Bruders [베겐 이어레스 브루더스] 그녀의 남동생 때문에

전치사 aus

"~한 이유로"를 나타내는 전치사 aus

이유 혹은 근거라는 뜻을 가진 명사 der Grund(복수형 Gründe)를 가지고 "이러한 이유로, 이러한 이유들로 인해"라는 뜻의 전치사구를 만들고 싶을 땐 반드시 aus와 상응합니다. aus는 대표적인 3격 지배 전치사이기 때문에 뒤에 명사의 복수형이 올 때는 복수 3격형이므로 명사에 n을 추가하는 것을 잊지 마세요!

논거를 듣고 나서 결론을 낼 때 유용하게 쓰이는 구문이니 통채로 암기하고 활용하는 것도 추천할만 합니다.

예 Aus diesem Grund [아우스 디젬 그룬트] 이 이유로 인해서
Aus diesen Gründen [아우스 디젠 그륀덴] 이 이유들로 인해서

시간부사구 + über

특정 기간 동안 내내 를 나타내는 표현 : 시간부사구 + über

독일어 공부를 하다 보면 '시간부사구는 4격으로 쓰인다!'라는 말을 많이 듣게 됩니다. 정확히 말하자면, 전치사가 동반되지 않고 문장 내에서 시간의 정보를 나타내 주는 2단어 이상의 명사 결합 구는 4격으로 쓰이기로 약속이 되어 있다는 뜻입니다. 이러한 시간 부사구 뒤에 über를 붙이면 그 시간 "내내"라는 의미를 강조합니다.

예 das ganze Jahr über [다스 간체 야 위버] 1년 내내

상황 연습

독일 날씨가 참 변화무쌍하죠. 맑다가 갑자기 뇌우를 동반한 폭풍이 몰아치곤 합니다. 이러한 좋지 않은 날씨를 가리켜 das Gewitter(악천후)라고 하지요. 갑자기 악천후가 발생하면 많은 행사들이 취소되는 불상사가 일어나기도 해요. 이런 상황에서 쓰이는 표현들을 배워 보아요. 모든 상황에 대비하는 것은 중요하니까요!

A **Du wirst es nicht glauben,**
두 비어스트 에스 니히트 글라우벤 믿을 수 없을 거야,

das Konzert im Freien heute Abend wurde wegen des Gewitters abgesagt!
다스 콘체어트 임 프라이엔 호이테 아벤트 부어데 베겐 데스 게비터스 압게작트
오늘 저녁의 야외 콘서트가 폭풍우 때문에 취소되었어!

B **Ernsthaft? Das ist wirklich schade.**
에언스트하프트 다스 이스트 븨어클리히 샤데 정말? 정말 아쉬워.

Wie hast du davon erfahren?
비 하스트 두 다폰 에어파렌 너는 그것을 어떻게 알게 됐어?

A **Ich habe eine Benachrichtigung auf meinem Handy erhalten.**
이히 하베 아이네 베나흐리히퉁 아우프 마이넴 핸디 에어할텐 내 핸드폰으로 알림을 받았어.

Die Veranstalter haben aus Sicherheitsgründen entschieden, das Konzert zu canceln.
디 페어안슈탈터 하벤 아우스 지혀하이츠그륀덴 엔트쉬덴, 다스 콘체어트 추 캔셀른
주최자들이 안전 상의 이유로 콘서트를 취소하기로 결정했어.

B **Sicherheit geht natürlich vor, aber das ist trotzdem enttäuschend.**
지혀하이트 게엩 나튜얼리히 포어, 아버 다스 이스트 트로츠뎀 엔트토이셴트
안전이 우선이지만, 그래도 실망스럽네.

A **Ja, das Wetter war den ganzen Tag über großartig.**
야, 다스 베터 바 덴 간첸 탁 위버 그로스아티히 응, 하루 종일 날씨가 좋았어.

Aber plötzlich zog dieses Gewitter auf, und es wurde wirklich gefährlich.
아버 플뢰츨리히 촉 디제스 게비터 아우프, 운트 에스 부어데 븨어클리히 게패얼리히
그런데 갑자기 폭풍우가 몰아쳐서 정말 위험했어.

문장 패턴

- **Wegen des schlechten Wetters können wir nicht draußen spielen.**
  베겐 데스 슐레히텐 베터스 쾨넨 비어 니히트 드라우센 슈필렌
  나쁜 날씨 때문에 우리는 밖에서 놀 수 없다.

- **Wegen der vielen Hausaufgaben habe ich immer kaum Zeit.**
  베겐 데어 필렌 하우스아우프가벤 하베 이히 임머 카움 차이트
  그 많은 숙제들 때문에 나는 항상 시간이 거의 없다.

- **Ich suche den ganzen Vormittag über meine Brille.**
  이히 주헤 덴 간첸 포어미탁 위버 마이네 브릴레
  나는 오전 내내 내 안경을 찾고 있다.

- **Das ganze Wochenende über habe ich nichts gemacht.**
  다스 간체 보헨엔데 위버 하베 이히 니히츠 게마흐트
  주말 내내 나는 아무 것도 안 했다.

- **Aus politischen Gründen ist das Lied verboten.**
  아우스 폴리티셴 그륀덴 이스트 다스 리트 페어보텐
  정치적인 이유들로 그 노래는 금지되었다.

- **Aus wirtschaftlichen Gründen kann man die Gebäude nicht renovieren.**
  아우스 비어트샤프틀리헨 그륀덴 칸 만 디 게보이데 니히트 레노비-렌
  경제적인 이유로 그 건물들은 수리할 수 없다.

풀어보기

[01-04] 다음을 독일어로 작문해 보세요.

01 나의 차표 때문에 나는 기차역으로 와야 했다.

➡ ________________________________

02 악천후 때문에 나는 축구를 할 수 없다.

➡ ________________________________

03 저녁동안 내내 나는 숙제를 했다.

➡ ________________________________

04 이러한 이유로(단수) 나는 편지 하나를 써야 한다.

➡ ________________________________

해설

01 Wegen meiner Fahrkarte musste ich zum Bahnhof kommen.

02 Wegen des Gewitters kann ich nicht Fußball spielen.

03 Den ganzen Abend über habe ich Hausaufgaben gemacht.

04 Aus diesem Grund muss ich einen Brief schreiben.

혹시 다른 것을 추천해 줄 수 있나요?

기본 학습

~에 대한 영향

영향을 주다: beeinflussen 영향: der Einfluss

이 명사는 "~에 대해 영향을 미친다"라는 뜻으로 쓸 때 전치사 auf와 쓰며 4격을 받습니다.

예 Die Lehrer haben einen großen Einfluss auf die Schüler.
[디 레러 하벤 아이넨 그로센 아인플루스 아우프 디 쉴러]

교사들은 학생들에게 커다란 영향력을 가지고 있다.

ohne + zu부정사 : ~하지 않고

4격 지배 전치사 ohne에 zu부정사를 결합시키면 "~하지 않고"라는 뜻이 됩니다. 이 때 zu부정사 형태로 오는 동사가 목적어나 전치사구를 가지면 ohne 다음에 순서대로 나열하고 마지막에 zu부정사를 위치시키면 됩니다.

예 Er verlässt den Raum, ohne sich von mir zu verabschieden.
[에어 페어래스트 덴 라움, 오네 지히 폰 미어 쭈 페어압쉬덴]

그는 나에게 작별인사를 하지 않고 그 방을 떠난다.

Meine Kinder spielen draußen, ohne es mir zu sagen.
[마이네 킨더 슈필렌 드라우센, 오네 에스 미어 쭈 자겐]

나의 아이들은 나에게 그것을 말하지 않고 밖에서 논다.

시간/거리 + entfernt : ~만큼 떨어져 있는

Entfernen이라는 동사는 "멀리 떨어뜨리다" 혹은 "제거하다"라는 뜻을 가지고 있습니다. 이 동사의 과거분사형은 시간이나 거리의 정보 뒤에 위치할 때 "~만큼 떨어진"이란 뜻을 가집니다.

예 Der Bahnhof ist von hier 15 Kilometer entfernt.
[데어 반호프 이스트 폰 히어 퓬프첸 킬로메터 엔트페어눈트]

그 기차역은 여기에서부터 15km 떨어져 있다.

상황 연습

세세한 계획 없이 무작정 여행 떠나는 사람? 나야 나! 여행이라는 것이 계획대로 되지도 않고, 주위 사람에게 도움을 요청할 일이 생기죠! 게다가 날시가 변화무쌍한 독일에서는 더더욱 여행의 모습이 유연해 지는 것 같아요. 주위 사람에게 무엇인가 추천해 달라고 부탁하는 상황에서 여러 가지 표현을 배워 봅시다!

A **Guten Tag, ich bin hier als Tourist und habe heute leider keine konkreten Pläne, weil das Wetter so schlecht ist.**
구텐 탁, 이히 빈 히어 알스 투-리스트 운트 하베 호이테 라이더 카이네 콩크레텐 플래네, 바일 다스 베터 조 슐레히트 이스트
안녕하세요, 저는 여행객으로 오늘은 날씨가 매우 나빠서 구체적인 계획이 없습니다.

Haben Sie vielleicht einige Empfehlungen oder Vorschläge,
하벤 지 필라이히트 아이니게 엠펠룽엔 오더 포어슐래게
어떤 추천이나 제안이 있을까요,

wie ich meinen Tag gestalten könnte?
비 이히 마이넨 탁 게슈탈텐 쾬테
어떻게 하루를 보낼 수 있을까요?

B **Guten Tag!**
구텐 탁
안녕하세요!

Natürlich, ich verstehe, dass das Wetter einen Einfluss auf Ihre Pläne haben kann.
나튜얼리히,이히 페어슈테에, 다스 다스 베터 아이넨 아인플루스 아우프 이어레 플래네 하벤 칸
물론이죠, 날씨가 여행 계획에 영향을 미칠 수 있다는 것을 이해합니다.

In der Nähe gibt es ein interessantes Museum.
인 데어 내에 깁트 에스 아인 인터레산테스 무제움
근처에는 흥미로운 박물관이있어요.

Es ist nicht weit von hier.
에스 이스트 니히트 바이트 폰 히어
여기서 멀지 않아요.

A **Das klingt gut. Welches Museum meinen Sie?**
다스 클링트 굳. 벨혜스 무제움 마이넨 지
좋아요. 어떤 박물관인가요?

B **Es handelt sich um das Stadtmuseum, das verschiedene Aspekte der Geschichte und Kultur dieser Region beleuchtet.**
에스 한델트 지히 움 다스 슈타트무제움, 다스 페어쉬데네 아스펙테 데어 게쉬히테 운트 쿨투어 디저 레기온 베로이히텔
이것은 지역의 역사와 문화의 다양한 측면을 밝히는 도시 박물관입니다.

B **Sie könnten dort viel Interessantes entdecken und Zeit verbringen,**
지 쾬텐 도어트 필 인터레산테스 엔트데켄 운트 차이트 페어브링엔,
거기서 흥미로운 것을 많이 발견하고,

ohne sich um das Wetter sorgen zu müssen.
오네 지히 움 다스 베터 조어겐 추 뮤센
날씨 걱정 없이 시간을 보낼 수 있을 거예요.

A **Das klingt nach einer guten Idee.**
다스 클링크 나흐 아이너 구텐 이데
좋은 아이디어 같아요.

Wie komme ich am besten dorthin?
비 코메 이히 암 베스텐 도어트힌
어떻게 가면 가장 좋을까요?

B **Sie können zu Fuß dorthin gehen,**
지 쾨넨 추 푸스 게엔
걸어가는 것도 가능하며,

es ist ungefähr 15 Minuten von hier entfernt.
에스 이스트 운게패어 퓐프첸 미누텐 폰 히어 엔트페언트
여기서 약 15분 거리에 있습니다.

A **Vielen Dank für den Tipp!**
필렌 당크 퓨어 덴 팁
팁 감사합니다!

문장 패턴

- **Der Politiker hat einen großen Einfluss auf die Maßnahme.**
  데어 폴리티커 할 아이넨 그로센 아인플루스 아우프 디 마스나메
  그 정치인은 그 정책에 있어서 커다란 영향력을 가지고 있다.
- **Man kann hier eine Reise buchen, ohne sich anzumelden.**
  만 칸 히어 아이네 라이제 부흔, 오네 지히 안추멜덴
  회원가입 하지 않고, 여기에서 여행을 예약할 수 있습니다.
- **Sie können gerne rumschauen, ohne etwas zu kaufen.**
  지 쾨넨 게아네 룸샤우엔, 오네 에트바스 추 카우펜
  당신은 뭘 사지 않고도, 둘러보실 수 있습니다.
- **Sprich nicht, ohne nachzudenken.**
  슈프리히 니히트, 오네 나흐추뎅켄
  깊이 생각하지 않고, 말하지 마라.

- **Die Universität liegt von hier 5 Minuten entfernt.**
  디 우니베아지탤 릭트 폰 히어 퓐프 미누텐 엔트페언트
  그 대학교는 여기에서 5분 거리에 있습니다.
- **Meine Wohnung ist von hier 5 Kilometer entfernt.**
  마이네 보눙 이스트 폰 히어 퓐프 킬로메터 엔트페언트
  내 집은 여기에서부터 5km 떨어져 있습니다.

MEMO

풀어보기

[01-05] 다음 빈칸에 알맞은 말을 써보세요.

01

Sie können ________ Fuß gehen.
________ hier ist es 50 Meter ________.

당신은 걸어갈 수 있습니다. 여기에서부터 50m 떨어져 있습니다.

➡ ____________, ____________, ____________

02

Er hat einen großen ________ ________ die Entscheidung.

그는 그 결정에 대해 하나의 커다란 영향력을 가지고 있다.

➡ ____________, ____________

03

Meine Tochter spielt schon,
________ ihre Hausaufgaben ________ machen.

나의 딸은 그녀의 숙제를 하지 않고, 벌써 놀고 있다.

➡ ____________, ____________

04

Ich kann die Stadt nicht verlassen,
________ das Musical ________ sehen.

나는 그 뮤지컬을 보지 않고, 그 도시를 떠날 수 없어요.

➡ ____________, ____________

05

Er geht vorbei, ________ ________ ________ sehen.

그는 나를 보지 않고, 지나간다.

➡ ____________, ____________, ____________

해설

01 zu / von / entfernt

02 Einfluss / auf

03 ohne / zu

04 ohne / zu

05 ohne / mich / zu

만약에 내가 여기 산다면, 일주일에 3일은 이 전시회를 방문할 거예요.

기본 학습

접속법 ②식으로 희망을 표현하기

접속법 ②식은 정말 자주 등장하죠! 특히나 어떤 상황의 가정이나 추측을 나타내기 때문에 접속사 wenn과 자주 쓰입니다. 뜻은 (실제로는 그렇지 않지만) "만약에 ~한다면, ~할 것이다"라고 해석하시면 됩니다. 이러한 wenn절을 단독으로 써서 마치 희망사항에 대한 탄식 섞인 감탄문처럼 쓰기도 해요!

Wenn은 또한 생략도 가능한 특이한 접속사입니다. Wenn을 생략하면 Wenn때문에 후치되었던 동사가 문장 맨 앞으로 옵니다. 이 문장은 완벽한 하나의 문장이라고 볼 수 없고, 일종의 '감탄문'으로 여깁니다.

예 Wenn ich mehr Geld hätte, würde ich eine Weltreise machen.
[벤 이히 메어 겔트 해테, 뷰어데 이히 아이네 벨트라이제 마흔]
만약 내가 더 많은 돈을 가졌더라면, 나는 세계 여행을 할 것이다.

Wenn ich mehr Geld hätte! 내가 돈이 더 많았더라면! (감탄문)
[벤 이히 메어 겔트 해테]

Hätte ich mehr Geld! 내가 돈이 더 많았더라면!
[해테 이히 메어 겔트] (감탄문, wenn이 생략되면서 후치되었던 동사가 맨 앞으로 옴)

vor allem : 무엇보다도

여러 가지를 나열하고 그 중 가장 ~한 것을 강조하고자 할 때 쓰는 숙어입니다. 주의해야 할 것은 이 allem이 일종의 형용사의 명사화로 본다는 것인데요, 중성이기 때문에 사물을 나타냅니다. Vor allen이라는 표현도 있습니다. 이 상황에서는 allen이 복수형태로 쓰인 것입니다. 이 때는 "모든 이들 중에 가장"이라는 뜻으로서 사람을 나타내니 주의하세요!

예 Ich mag Obst, vor allem Erdbeeren.
[이히 막 옵스트, 포어 알렘 에어트베렌]
나는 과일을 좋아해요, 무엇보다도 딸기를 좋아해요.

상황 연습

만약에 여러분이 독일에 산다면, 가장 하고 싶은 일은 무엇인가요? 저는 아주 인상 깊었던 전시를 자주 보러 갈 것 같아요. 독일은 수많은 박물관과 전시, 박람회의 나라여서 볼 거리가 참 많아요! 독일 여행을 마무리하는 시점에서, 만약에 독일을 떠나지 않아도 되고 독일에서 살아도 된다면? 하는 상상의 표현을 배워 볼까요?

A **Du weißt gar nicht, wie sehr ich es mir wünsche, in Deutschland zu leben.**
두 바이스트 가 니히트, 비 제어 이히 에스 미어 뷘셰, 인 도이칠란트 추 레벤
너는 모르겠지만, 나는 독일에서 살고 싶어하는 것을 얼마나 갈망하는지 알 수 없어.

Das Leben hier ist so anders.
다스 레벤 히어 이스트 조 안더스
여기서의 삶은 정말 다르거든.

B **Was fasziniert dich denn besonders?**
바스 파스치니어트 디히 덴 베존더스
특히 무엇이 너를 매료시키니?

A **Oh, wo soll ich anfangen?**
오, 보 졸 이히 안팡엔
오, 어디서부터 얘기해야 할까?

Die Kultur, die Menschen, die Geschichte... aber vor allem die Museen!
디 쿨투어, 디 멘셴, 디 게쉬히테 아버 포어 알렘 디 무제엔
문화, 사람들, 역사... 그중에서도 박물관이야!

Wenn ich in Deutschland leben würde,
벤 이히 인 도이칠란트 레벤 뷰어데
독일에 살게 된다면,

würde ich definitiv das Pergamonmuseum in Berlin mindestens drei Mal in der Woche besuchen.
뷰어데 이히 데피니티프 다스 페어가몬무제움 인 베얼린 민데스텐스 드라이 말 인 데어 보헤 베주헨
확실히 베를린의 페르가몬 박물관을 적어도 일주일에 세 번은 방문할 거야.

- **Wenn ich ein Auto hätte, könnte ich jeden Tag reisen.**
  벤 이히 아인 아우토 해테, 쾬테 이히 예덴 탁 라이젠
  만일 내가 자동차를 가지고 있다면, 나는 매일 여행할 수 있을 텐데.
- **Wäre ich reich!**
  배레 이히 라이히
  내가 부자라면!
- **Ich mag Geschichte, vor allem die koreanische Geschichte.**
  이히 막 게쉬히테, 포어 알렘 디 코레아니셰 게쉬히테
  나는 역사를 좋아해, 무엇보다 한국 역사.

MEMO

풀어보기

[01-04] 다음 빈칸에 알맞은 말을 써보세요.

01

_________ ich einen Freund!

내가 남자친구가 있더라면!

➡ ____________

02

Beim lernen ist _________ _________ Wiederholung wichtig.

공부할 때는 반복이 무엇보다도 중요하다.

➡ ____________, ____________

03

_________ ich Zeit _________,

_________ ich eine Reise nach Deutschland machen!

만일 내가 시간이 있다면, 나는 독일 여행을 할 텐데!

➡ ____________, ____________, ____________

04

_________ ich ein Vogel _________, _________ ich zu dir fliegen!

만일 내가 한 마리의 새라면, 너에게 날아갈 수 있을 텐데!

➡ ____________, ____________, ____________

해설

01 hätte

02 vor / allem

03 Wenn / hätte / würde

04 Wenn / wäre / könnte

45 정말 독일을 떠나고 싶지 않을 정도로 이 나라가 좋아!

기본 학습

selbst : ~조차도

Selbst라는 단어는 뜻이 많습니다. "자기 자신, ~자체도, ~조차도" 정도로 정리할 수 있어요. 구어체에서 특히 Ich selbst 등의 형식으로 인칭대명사 바로 옆에 위치할 경우 "그 사람 조차도, 자체도"로 해석하시면 됩니다!

예 Nicht alle Koreaner mögen Kimchi. Ich selbst esse kaum Kimchi.
[니히트 알레 코레아너 뫼겐 김치. 이히 젤프스트 에세 카움 김치]

모든 한국인들이 김치를 좋아하는 건 아니야. 나 조차도 김치를 거의 안 먹어.

so A, dass B : B할 정도로 A하다

A자리에는 형용사 또는 부사가, B자리에는 동사가 후치된 문장이 옵니다.

예 Ich bin so faul, dass ich den ganzen Tag nur im Bett liege.
[이히 빈 조 파울, 다스 이히 덴 간첸 탁 누어 임 베트 레게]

나는 하루 종일 침대에만 누워 있을 정도로 게으르다.

sich 3격 etwas 4격 vorstellen : ~을 상상하다

vorstellen은 "~에게 ~을 소개하다"라는 라는 뜻도 있지만, 3격 재귀동사를 취함으로써 4격 목적어를 상상하다라는 뜻으로 쓰입니다.

예 Ich stelle mir das Leben in Deutschland vor.
[이히 슈텔레 미어 다스 레벤 인 도이칠란트 포어]

나는 독일에서의 삶을 상상한다.

Stell dir mal vor, was ich für dich gekauft habe!
[슈텔 디어 말 포어, 바스 이히 퓨어 디히 게카우프트 하베]

내가 너를 위해 무엇을 샀는지 상상해 봐!

독일은 정말 매력적인 나라이지요! 우리가 허락된 시간보다 더 길게 머무를 수 있다면 어떨지 상상해 볼까요? 정말 떠나고 싶지 않을 정도로 매력적인 나라 독일! "~할 정도로 ~하다"는 표현도 함께 배워 보아요.

A **Das Pergamonmuseum ist wirklich beeindruckend.**
다스 페어가몬무제움 이스트 뷔어클리히 베아인드루켄트 페르가몬 박물관은 정말 인상적이야.

Ich war selbst schon oft dort.
이히 바 젤프스트 숀 오프트 도어트 나도 자주 거기 갔어.

Es hat eine erstaunliche Sammlung antiker Kunstwerke.
에스 핫 아이네 에어슈타운리혜 잠믈룽 안티커 쿤스트베어케
거기에는 놀라운 고고학 작품 컬렉션이 있어.

Aber es gibt noch so viele andere großartige Museen in Deutschland.
아버 에스 깁트 노흐 조 필레 안디레 그로스아티게 무제엔 인 도이칠란트
그런데 독일에는 그 외에도 정말 멋진 박물관들이 많아.

B **Ja, das habe ich gehört.**
야, 다스 하베 이히 게회어트 응, 나도 들었어.

A **Das Leben in einem anderen Land hat seine eigenen Herausforderungen,**
다스 레벤 인 아이넴 안더렌 란트 할 자이네 아이게넨 헤라우스포더룽엔
한 다른 나라에서 사는 것은 많은 도전이 필요하지만,

aber es gibt auch viele Vorteile und Möglichkeiten.
아버 에스 깁트 아우흐 필레 포어타일레 운트 뫼클리히카이텐 많은 장점과 가능성도 있지.

B **Ich kann mir vorstellen, dass es nicht immer einfach ist, irgendwo neu anzufangen.**
이히 칸 미어 포어슈텔렌, 다스 에스 니히트 임머 아인파흐 이스트, 이어겐트보 노이 안추팡엔
나는 상상할 있어, 새로운 어떤 곳에서 시작하는 것이 항상 쉽지만은 않다는 것을.

Aber es hat mir so gut gefallen, dass ich dieses Land jetzt gar nicht verlassen möchte.
아버 에스 할 미어 조 굳 게팔렌, 다스 이히 디제스 란트 예츠트 가 니히트 페어라센 뫼히테
하지만 여기는 내가 이 나라를 전혀 떠나고 싶지 않을 정도로 내 마음에 들었어.

- **Er hat selbst einen Kuchen gebacken.**
  에어 핱 젤프스트 아이넨 쿠흔 게바켄
  그는 직접 케이크 하나를 구웠다.
- **Sie selbst hat auch keine Ahnung**
  지 젤프스트 핱 아우흐 카이네 아능
  그녀 조차도 모른다.
- **Der Hund ist so hungrig, dass er jetzt Gemüse frisst.**
  데어 훈트 이스트 조 훙그리히, 다스 에어 예츠트 게뮤제 프리스트
  그 개는 지금 야채를 먹을 정도로 배가 고프다.
- **Der Raum war so groß, dass mehr als 100 Leute bleiben können.**
  데어 라움 봐 조 그로스, 다스 메어 알스 훈데아트 로이테 블라이벤 쾨넨
  그 방은 100명이 넘는 사람들이 머무를 수 있을 정도로 컸다.
- **Können Sie sich vorstellen, dass es bald Weihnachten ist?**
  쾨넨 지 지히 포어슈텔렌, 다스 에스 발트 바이나흐텐 이스트
  벌써 크리스마스라는 것을 상상할 수 있습니까?
- **Das kann ich mir gut vorstellen.**
  다스 칸 이히 미어 굳 포어슈텔렌
  그것을 나는 잘 상상할 수 있습니다. (공감할 때 쓰는 표현)

풀어보기

[01-03] 다음 빈칸에 알맞은 말을 써보세요.

01

Das Bett ist ________ ________,
dass wir hier alle schlafen ________.

그 침대는 우리가 여기에서 모두 잘 수 있을 정도로(접속법 2식) 크다.

➡ ________ ________, ________

02

Er ist ________ klug, ________ er das alles verstehen kann.

그는 그 모든 것을 이해할 정도로 똑똑하다.

➡ ________, ________

03

Mein Zimmer ist ________ laut,
________ ich ________ ________ kann.

나의 방은 내가 공부를 할 수 없을 정도로 시끄럽다.

➡ ________, ________, ________ ________

해설

01 so groß / könnten

02 so / dass

03 so / dass / nicht lernen

우리는 늦어도 콘서트가 시작하기 30분 전에 도착해야 해!

기본 학습

올바른 호응하기

상대가 재귀동사를 활용하여 문장을 구성하였을 때, 호응을 표현하기 위해 동일 동사를 생략할 수는 있으나 재귀대명사는 생략할 수 없습니다.

예 Ich freue mich! [이히 프로이에 미히] 나 기뻐! ➡ Ich mich auch! [이히 프로이에 미히] 나도!

마찬가지로 상대가 부정문을 말하여 그것에 대한 호응을 할 때도 부정의 부사를 생략할 수 없습니다.

예 Ich weiß nicht. [이히 바이스 니히트] 나는 몰라. ➡ Ich auch nicht. [이히 아우흐 니히트] 나도.

③격 + ④격 + sichern : ~에게 ~을 확실하게 하다

다음 상황 연습의 대화문에서는 uns가 ③격으로, gute Plätze가 ④격으로 온 형태입니다.

예 Wir sollen uns einen Raum für das Meeting sichern.
[비어 졸렌 운스 아이넨 라움 퓨어 다스 미팅 지현] 우리는 미팅을 위한 한 공간을 확보해야 한다.

knapp : 아주 근소한 차이의, 거의 없는

재미있는 부사입니다. 예를 들어 축구 경기에서 아주 아쉽게 골이 빗나갔을 때, Das war knapp. "아주 근소했다."고 표현합니다. 어떤 양적 존재가 knapp한 것은 거의 없음을 시사합니다.

예 Die Arbeitsplätze sind knapp. 일자리가 부족하다.
[디 아-바이츠플래체 진트 크납]

청유의 표현 : Lass uns + 동사원형 (후치)

영어의 Let's처럼 독일어에서도 Lass uns를 쓰고 동사원형을 후치하면 "~하자!"라는 표현이 됩니다. 주의해야 할 것은 듣는 상대가 Du 한 명일 때만 쓰는 형태라는 것입니다. 이 표현도 엄연히 명령형이기 때문입니다.

예 Lass uns ins Kino gehen! [라스 운스 인스 키노 게엔] 우리 영화관 가자!
Kinder, lasst uns zusammen spielen! [킨더, 라스트 운스 추자멘 슈필렌] 얘들아 우리 같이 놀자!

상황 연습

비록 독일도 사람 사는 곳이라 연착이 자주 발생하긴 하지만, 행사 시간은 정말 엄격하게 지켜지는 나라 중 하나인 것 같아요. 보통 공연을 보러 가면 가능한 한 일찍 만나서 늦지 않도록 하는 습관이 있답니다.

A **Hey, ich freue mich schon so auf das Konzert nächste Woche!**
헤이, 이히 프로이에 미히 숀 조 아우프 다스 콘체어트 네히스테 보헤
안녕, 나는 다음 주의 콘서트를 기대하고 있어!

B **Ja, ich mich auch! Es wird bestimmt großartig.**
야, 이히 미히 아우흐 에스 비어트 베슈팀트 그로스아티히
응, 나도! 분명히 멋질 거야.

Hast du schon überlegt, wann wir dort sein sollten?
하스트 두 숀 위버렉트, 반 비어 도어트 자인 졸텐
우리는 언제 도착해야 할지 생각해 봤어?

A **Auf jeden Fall.**
아우프 예덴 팔
물론이지.

Ich habe gehört, es wird ziemlich voll sein,
이히 하베 게회어트, 에스 비어트 침리히 폴 자인
내가 듣기로는 꽤 붐빌 것 같아서

also sollten wir mindestens 30 Minuten vor dem Konzertbeginn da sein,
알조 졸텐 비어 민데스텐스 드라이시히 미누텐 포어 뎀 콘체어트베긴 다 자인
콘서트 시작 30분 전쯤 도착해야 할 것 같아,

um uns gute Plätze zu sichern.
움 운스 구테 플래체 추 지히연
좋은 좌석을 확보하려면.

B **Klingt vernünftig.**
클링트 페어뉜프티히
합리적인 생각이야.

Ich habe auch gehört, dass die Parkplätze knapp sein könnten.
이히 하베 아우흐 게회어트, 다스 디 파크플래체 크납 자인 쾬텐
주차 공간도 부족할 수 있다고 들었어.

Sollen wir besser früh losfahren?
졸렌 비어 베서 프뤼 로스파렌
미리 가는 게 낫지 않을까?

A **Ja, das ist eine gute Idee.**
야, 다스 이스트 아이네 구테 이데
응, 좋은 생각이야.

A **Lass uns vielleicht sogar 45 Minuten vorher da sein, um sicher parken zu können.**
라스 운스 필라이히트 조가 퓐프운트피어치히 미누텐 포어헤어 다 자인, 움 지히여 파켄 추 쾨넨

우리 심지어 45분 전에 도착하자, 확실히 주차할 수 있으려면.

B **Perfekt, dann treffen wir uns eine Stunde vor dem Konzert.**
페어펙트, 단 트레펜 비어 운스 아이네 슈툰데 포어 뎀 콘체어트

완벽해, 그럼 콘서트 한 시간 전에 만나.

문장 패턴

- **A : Ich muss mich beeilen!**
  이히 무스 미히 베아일렌
  나 서둘러야 해!
  B : Oh, ich mich auch
  오 이히 미히 아우흐!
  오, 나도!
- **Das war knapp 90%.**
  다스 바 크납 노인치히 프로첸트
  그것은 90%가 좀 못 되었다.
- **Du musst dir einen Sitzplatz sichern.**
  두 무스트 디어 아이넨 지츠플라츠 지히연
  너는 좌석을 확정해야 한다.
- **Lass uns Deutsch lernen!**
  라스 운스 도이치 레어넨
  독일어 공부하자!
- **Lasst uns weiter schlafen!**
  라스트 운스 바이터 슐라펜
  (애들아) 계속 자자!

풀어보기

[01-04] 다음을 독일어로 작문해 보세요.

01

우리 월요일에 산책하러 가자!

➡ ______________________________

02

그거 정말 근소했다!

➡ ______________________________

03

A: 나는 너를 사랑해.
B: 나도 너를 사랑해.

➡ A: ______________________________
B: ______________________________

04

나는 그 자리를 확정하고 싶습니다.

➡ ______________________________

해설

01 Lass uns am Montag spazieren gehen!

02 Das war wirklich/echt knapp!

03 A: Ich liebe dich. B: Ich dich auch.

04 Ich möchte mir den Platz/die Stelle sichern.

비가 오는데도 불구하고 그 시티투어는 계속 진행됩니다.

기본 학습

an 3격 teilnehmen : ~에 참여하다

참여하는 행사 등이 an뒤에 3격으로 오는 것이 매우 중요합니다.

또한 이 동사에서 파생된 명사인 die Teilnahme(참여)도 "~에의 참여"라고 표현할 때는 전치사 an 뒤에 3격을 씁니다.

예 Ich nehme an der Veranstaltung teil. — 나는 그 행사에 참여한다.
[이히 네메 안 데어 페어안슈탈퉁 타일]

Die Teilnahme an der Veranstaltung — 그 행사에의 참여
[이히 네메 안 데어 페어안슈탈퉁 타일]

별로일 때 : blöd

독일인들이 많이 쓰는 형용사입니다. 엄연히 부정적인 의미의 형용사이기 때문에 단순히 좋지만 않을 때 쓰는 것은 조금 부적절합니다. 별로 혹은 형편없다는 뜻이 되기 때문입니다.

예 Das ist ja blöd. — 그거 진짜 별론데.
[다스 이스트 야 블뢰트]

da(r) + 전치사 : 그것 + 전치사

독일어에서는 문법적으로 전치사 다음에 das가 올 수 없습니다. 따라서 "그것"이라는 뜻의 das를 전치사와 쓰고 싶을 때 das를 da로 바꾸어 전치사 앞에 바로 붙입니다! 전치사가 모음으로 시작할 경우 발음의 문제가 있기 때문에 dar의 형태로 전치사 앞에 붙습니다.

예 Damit bin ich zufrieden. — 그것에 나는 만족해요.
[다밑 빈 이히 추프리덴]

Danach gehe ich zur Schule. — 그것 후에 나는 학교에 가요.
[다나흐 게에 이히 추어 슐레]

Daraus lernen wir. — 그것으로부터 우리는 배워요.
[다라우스 레어넨 비어]

상황 연습

낯선 도시에서 가장 편하고 안전하게 그 도시를 탐방하는 방법에는 시티투어(Stadtrundfahrt 혹은 Stadtführung)가 있지요! 특히나 버스 같은 것을 타고 다닐 때는 날씨에 구애받지 않아도 되어서 인기가 있습니다. 저는 개인적으로 비가 오는 여행지도 좋아해요. 오늘의 상황도 비슷하게 비가 오는 투어 이야기인 것 같은데요? 재미있겠네요!

A **Guten Morgen, alle zusammen!**
구텐 모어겐, 알레 추자멘
여러분, 좋은 아침이에요!

Ich freue mich, dass ihr heute an meiner Stadtführung teilnehmt.
이히 프로이에 미히, 다스 이어 호이테 안 마이너 슈타트퓨룽 타일넴트
오늘 제 도시 투어에 참여해 주셔서 기뻐요.

Wie ihr vielleicht bemerkt habt, regnet es leider.
비 이어 필라이히트 베메어크트 합트, 레그넷 에스 라이더
아마도 비가 오는 걸 눈치채셨을 거예요.

Aber keine Sorge, die Tour findet trotzdem statt!
아버 카이네 조어게, 디 투어 핀데트 트로츠뎀 슈탇
하지만 걱정하지 마세요, 투어는 그래도 진행됩니다!

B **Das blöde Wetter...**
다스 블뢰데 베터
별로인 날씨...

A **Ich verstehe.**
이히 페어슈테에
이해해요.

Aber wir werden das Beste daraus machen.
아버 비어 베어덴 다스 베스테 다라우스 마헨
그런데 우리는 최선을 다할 거예요.

Wir werden heute einige interessante Orte besuchen.
비어 베어덴 호이테 아이니게 인터레산테 오어테 베주헨
우리는 몇몇 흥미로운 장소를 방문할 거에요.

C **Das ist beruhigend zu hören.**
다스 이스느 베루이겐트 추 회렌
그걸 들어서 안심이에요.

Ich hatte wirklich Angst, dass die Führung abgesagt wird.
이히 하테 븨어클리히 앙스트, 다스 디 퓨룽 압게작트 비어트
도시 투어가 취소될까봐 걱정했어요.

- **Er nimmt an meiner Geburtstagsparty teil.**
  에어 님트 안 마이너 게부어츠탁스파티 타일
  그는 내 생일 파티에 참석한다.
- **Ich erinnere mich immer noch an die Teilnahme an der Feier.**
  이히 에어이너레 미히 임머 노흐 안 디 타일나메 안 데어 파이어
  나는 아직도 그 파티에 참석했던 것을 기억한다.
- **Heute ist ein blöder Tag.**
  호이테 이스트 아인 블뢰더 탁
  오늘 별로인 날이다.
- **Sag nicht zu deiner Schwester, „Du bist blöd"!**
  작 니히트 추 다이너 슈베스터, 두 비스트 블뢰트
  너의 여자형제에게 "너 별로야"라고 말하지 마라!
- **Ich bin dafür.**
  이히 빈 다퓌어
  나는 그것에 동의해.
- **Ich bin dagegen.**
  이히 빈 다게겐
  나는 그것에 반대해.
- **Ich habe ein Auto. Damit fahre ich zur Schule.**
  이히 하베 아인 아우토. 다밑 파레 이히 추어 슐레
  나는 자동차 한대를 가지고 있다. 그것을 가지고(타고) 나는 학교에 간다.
- **Wir haben eine traurige Geschichte. Daraus können wir viel lernen.**
  비어 하벤 아이네 트라우리게 게쉬히테. 다라우스 쾨넨 비어 필 레어넨
  우리는 하나의 슬픈 역사를 가지고 있다. 그것으로부터 우리는 많이 배울 수 있다.

풀어보기

[01-03] 다음을 독일어로 작문해 보세요.

01 그는 형편없다.

➡ ______________________________

02 나는 독일어 수업에 참여했다.

➡ ______________________________

03 그 세미나에 대한 참여는 나에게 매우 중요했다.

➡ ______________________________

해설

01 Er ist blöd.

02 Ich habe an dem Deutschkurs teilgenommen. (an dem=am)

03 Die Teilnahme an dem Seminar war mir sehr wichtig.

필요하다면 우리는 여기에 머무를 거예요!

기본 학습

접속법 Ⅰ식을 활용한 어려운 구문 : es sei denn, ~

~자리에는 평서문이 올 수도, dass가 이끄는 종속절이 올 수도 있습니다. "~하지 않는다면"이라는 의미로서 일어나지 않은 일에 대한 가정을 나타냅니다.

예 Er kommt sicher, es sei denn, dass er sehr beschäftigt ist.
[에어 콤트 지혀, 에스 자이 덴, 다스 에어 제어 베섀프티크트 이스트]

그가 매우 바쁜 것이 아니라면, 그는 분명 올 것이다.

조건의 wenn과 비슷한 쓰임 : falls

Falls는 "~한 경우에"라고 해석됩니다. Wenn과 거의 동일한 종속접속사로서 동사를 후치시키지만, 본문에서처럼 구어체에서는 형용사나 부사만 취하기도 합니다.

예 Falls ja, komm bis 3 Uhr. 그렇다면(그게 맞다면, yes라면) 3시까지 와.
[팔스 야, 콤 비스 드라이 우어]

sich aufhalten : 체류하다

한국어에서는 "체류하다"라는 말을 일상적으로 잘 하지 않죠? 약간 거창해 보이는 어휘를 독일어에서는 자주 구사하기 때문에 꼭 알아두면 유용합니다. 순수 재귀동사로서 재귀대명사 4격을 받습니다.

예 Wie lange werden Sie sich hier aufhalten?
[비 랑에 베어덴 지 지히 히어 아우프할텐]

당신은 여기에서 얼마나 체류하십니까? (머무르십니까?)

Lass/Lasst/Lassen Sie + uns + 동사원형 (후치) : ~하자! ~합시다!

영어의 Let's는 Let+us이죠! 영어의 Let에 해당하는 단어가 독일어에서는 lassen입니다. 영어의 Let's나 독일어의 Lassen+uns나 똑같이 명령문으로서, 직역하자면 "우리를 동사원형하게 시켜라"는 뜻입니다. 즉, 무언가를 하자고 제안하는 말이 되지요.

독일어에서는 이 명령문을 듣는 청자에 따라 명령형의 형태가 달라집니다.

예 Lass uns ins Kino gehen! [라스 운스 인스 키노 게엔] 우리 영화관 가자! (상대가 du일 때)
Lasst uns ins Kino gehen! [라스트 운스 인스 키노 게엔] 우리 영화관 가자! (상대가 ihr일 때)
Lassen Sie uns ins Kino gehen! [라센 지 운스 인스 키노 게엔] 우리 영화관 갑시다! (상대가 Sie일 때)

상황 연습

비가 오거나 예상하지 못한 상황에서 즉흥적인 해결책이 등장할 때가 있죠! 독일에서 투어를 하거나 할 때, 변화무쌍한 날씨 때문에 일어날 수 있는 일에 대해 이야기해 봅시다.

A **Wir werden doch die Tour durchführen, es sei denn, es wird gefährlich.**
비어 베어덴 도흐 디 투어 두어히퓨렌, 에스 자이 덴, 에스 비어트 게패얼리히
투어는 진행합니다. 위험하지 않는 한 말이죠.

Aber wir haben Regenschirme zur Verfügung
아버 비어 하벤 레겐쉬어메 추어 페어퓨궁
그런데 여분의 우산도 준비되어 있고

und werden uns an Orten aufhalten, wo wir etwas Schutz vor dem Regen finden können.
운트 베어덴 운스 안 오어텐 아우프할텐, 보 비어 에트바스 슈츠 포어 뎀 레겐 핀덴 쾨넨
비를 피할 수 있는 몇몇 장소에서 머무를 거예요.

Falls nötig.
팔스 뇌티히
필요시에요.

B **Das klingt vernünftig.**
다스 클링트 페어뉜프티히
그건 합리적인 것 같아요.

Ich bin gespannt, was du uns alles zeigen wirst.
이히 빈 게슈판트, 바스 두 운스 알레스 차이겐 비어스트
우리에게 무엇을 보여줄지 기대돼요.

A **Großartig!**
그로스아티히
훌륭해요!

Lasst uns dann losgehen und die Stadt im Regen erkunden.
라스트 운스 단 로스게엔 운트 디 슈타트 임 레겐 에어쿤덴
그럼 우리가 비오는 날의 도시를 탐험하러 가봅시다.

A **Ich verspreche euch, es wird trotzdem eine unterhaltsame und informative Tour werden.**

이히 페어슈프레헤 오이히, 에스 비어트 트로츠뎀 아이네 운터할츠자메 운트 인포마티베 투어 베어덴

비가 오더라도, 즐거우면서 유익한 투어가 될 거예요.

문장 패턴

- **Wir können die Spezialität probieren,**
  비어 쾨넨 디 슈페치알리탵 프로비렌 — 우리는 그 특산 음식을 맛볼 수 있을 것이다,

  es sei denn, das Restaurant hat geschlossen.
  에스 자이 덴, 다스 레스터러 핱 게슐로센 — 레스토랑이 닫혀 있지만 않는다면.

- **Er kommt pünktlich an,**
  에어 콤트 퓡크틀리히 안 — 그는 정시에 올 것이다,

  es sei denn, dass der Zug Verspätung hat.
  에스 자이 덴, 다스 데어 축 페어슈패퉁 핱 — 기차가 연착된 것이 아니라면.

- **Falls Sie Hilfe brauchen, rufen Sie mich an.**
  팔스 지 힐페 브라우헨, 루펜 지 미히 안 — 도움이 필요한 경우 저에게 전화해 주세요.

- **Er wird sich hier 2 Wochen aufhalten.**
  에어 비어트 지히 히어 츠바이 보헨 아우프할텐 — 그는 여기에 2주간 머무를 것이다.

- **Sie hält sich im Moment bei mir auf.**
  지 핼트 지히 임 모멘트 바이 미어 아우프 — 그녀는 현재 나의 집에 머무르고 있다.

- **Kinder, lasst uns nicht schnell laufen!**
  킨더, 라스트 운스 니히트 슈넬 라우펜 — 얘들아, 우리 빠르게 뛰지 말자!

- **Peter, lass uns um 3 Uhr treffen!**
  페터, 라스 운스 움 드라이 우어 트레펜 — Peter야, 우리 3시에 만나자!

풀어보기

[01-03] 다음을 독일어로 작문해 보세요.

01 비가 오는 경우에는 투어가 취소됩니다.

➡ ______________________

02 우리는 우산이 필요 없어요, 비가 오는 게 아니라면.

➡ ______________________

03 네가 돈이 필요한 경우, 나에게 말해라.

➡ ______________________

해설

01 Falls es regnet, wird die Tour abgesagt.

02 Wir brauchen keinen Regenschirm, es sei denn, es regnet.

03 Falls du Geld brauchst, sag mir.

아, 머리가 너무 아파요. 어지러워.

기본 학습

신체 상태, 감정을 나타내는 생략 가능한 es

독일어는 정말 엄격하고 세밀한 언어입니다. "나는 지루해."라는 문장은 첫째, 내가 지루한 사람인지, 둘째, 지금 내가 느끼는 감정이 지루한 것인지 명확하지가 않죠. 이렇게 사람이 느끼는 상태나 감정을 나타낼 때는 주어가 ich가 될 수 없습니다. 비인칭 주어인 es를 취해서 표현하지요. 이렇게 사람의 상태나 감정을 나타내는 es는 맨 첫번째 자리가 아니면 생략되는 특징을 가지고 있습니다!

- **Es ist mir langweilig.** [에스 이스트 미어 랑바일리히] (지금 기분이) 나는 지루해요.
- **Es ist mir kalt.** [에스 이스트 미어 칼트] (지금 기온이) 추워요.
- **Mir ist langweilig.** [미어 이스트 랑바일리히] (지금 기분이) 나는 지루해요.
  *es가 맨 첫번째 자리가 아니어서 생략
- **Mir ist kalt.** [미어 이스트 칼트] (지금 기온이) 추워요.
  *es가 맨 첫번째 자리가 아니어서 생략

"고려해 볼게요."의 다양한 표현

1. etwas in Erwägung ziehen : ~을 숙고 안으로 잡아 끌다

- **Den Vorschlag ziehe ich mal in Erwägung.** 그 제안을 고려해 볼게요.
  [덴 포어슐락 찌헤 이히 말 인 에어배궁]

2. sich 3격 etwas überlegen : ~을 깊이 생각해 보다

- **Ich überlege es mir mal.** 나는 그것을 한 번 고민해 볼게요.
  [이히 위벌레게 에스 미어 말]

versuchen zu 부정사 : ~하려고 노력하다

versuchen이 단독으로 쓰이면 "~을 시도하다"라는 뜻으로 쓰입니다. zu부정사와 함께 쓰이면 "~하려고 노력하다, ~하기를 (노력하여) 시도해 보다"라는 뜻이 됩니다.

- **Ich versuche lange, Deutsch zu lernen.**
  [이히 페어주헤 랑에, 도이치 쭈 레어넨]
  나는 오랫동안 독일어를 공부하려고 노력하고 있다.
- **Versuch doch mal, dir meinen Namen zu merken!**
  [페어주흐 도흐 말, 디어 마이넨 나멘 쭈 메어켄]
  내 이름을 외우려고 노력해 봐!

상황 연습

몸 상태가 안 좋거나 어지러움을 표현해야 할 상황이 안 온다면 더욱 좋겠지만, 혹시 모르잖아요! 이러한 상황에서 쓸 수 있는 유용한 표현들과 해결책을 제시하는 표현도 배워봅시다!

A **Oh, mir ist gerade so schwindelig und mein Kopf tut weh.**
오, 미어 이스트 게라데 조 슈빈델리히 운트 마인 콥프 툩 붸
아, 지금 머리가 어지럽고 머리가 아파.

B **Das tut mir leid zu hören.**
다스 툩 미어 라이트 쭈 회렌
그걸 들어서 유감이다.

Kannst du mir sagen, was passiert ist?
칸스트 두 미어 자겐, 바스 파씨어트 이스트
무슨 일이 일어났는지 말해줄 수 있어?

Bist du gestolpert oder hast du dich verletzt?
비스트 두 게슈톨퍼트 오더 하스트 두 디히 페어레츠트
너 어디 걸려 넘어졌어, 아니면 다쳤어?

A **Nein, ich habe einfach plötzlich dieses Schwindelgefühl und Kopfschmerzen bekommen.**
나인, 이히 하베 아인파흐 플뢰츨리히 디제스 슈빈델게퓔 운트 콥프슈메어첸 베코멘
아니, 나는 걸리거나 다치지 않았어. 갑자기 어지러워지고 머리가 아파졌어.

B **Das klingt besorgniserregend.**
다스 클링트 베조어그니스에어레겐트
그게 걱정스러운 소리네.

Vielleicht solltest du dich hinsetzen und tief durchatmen.
필라이히트 졸테스트 두 디히 힌제첸 운트 티프 두어히아트멘
앉아서 깊게 숨을 들이마셔봐.

B **Hast du heute genug Wasser getrunken?**
하스트 두 호이테 게눅 바써 게트룽켄 오늘 충분한 물을 마셨어?

A **Ich habe heute Morgen etwas Wasser getrunken,**
이히 하베 호이테 모어겐 에트바스 베써 게트룽켄, 오늘 아침에 조금 물을 마셨어,

aber vielleicht sollte ich mehr trinken.
아버 필라이히트 졸테 이히 메어 트링켄 그런데 더 마셔야 할 것 같아.

Das ist eine gute Idee.
다스 이스트 아이네 구테 이데 좋은 생각이야.

B **Gute Entscheidung.**
구테 엔트샤이둥 좋은 판단이야.

Dehydrierung kann manchmal Schwindel verursachen.
데휴드리룽 칸 만히말 슈빈델 페어우어자흔 탈수는 때때로 어지러움을 유발할 수 있어.

Wenn sich dein Zustand nicht bessert oder sogar schlechter wird,
벤 지히 다인 쭈슈탄트 니히트 베써트 오더 조가 슐레히터 비어트,
네 상태가 나아지지 않거나 오히려 더 나빠진다면,

solltest du vielleicht einen Arzt aufsuchen.
솔테스트 두 필라이히트 아이넨 아츠트 아우프주흔
의사에게 진료를 받거나 병원에 가는 게 좋을 수도 있어.

A **Ja, du hast recht.**
야, 두 하스트 레히트 응, 맞아.

Wenn es nicht besser wird, werde ich das in Erwägung ziehen.
벤 에스 니히트 베서 비어트, 베어데 이히 다스 인 에어배궁 치엔
나아지지 않으면 그걸 고려해 봐야겠어.

Es ist wirklich unangenehm.
에스 이스트 비어클리히 운안게넴 정말 불편해.

B **Ich verstehe.**
이히 페어슈테에 이해해.

Lass uns sicherstellen, dass du hydratisiert bleibst und versuche, dich zu entspannen.
라스 운스 지혀슈텔렌, 다스 두 휴드라티지어트 브라입스트 운트 페어주헤, 디히 쭈 엔트슈파넨
네가 수분을 충분히 섭취하고, 긴장을 완화하려 노력해 봐.

Wenn du dich immer noch schlecht fühlst,
벤 두 디히 임머 노흐 슐레히트 퓰스트 네 상태가 여전히 안 좋다면,

ruf bitte einen Arzt an oder geh ins Krankenhaus.
루프 비테 아이넨 아츠트 안 오더 게에 인스 크랑켄하우스　의사에게 전화하거나 병원에 가도록 해.

A **Danke für deine Hilfe und deine Sorge.**
당케 퓨어 다이네 힐페 운트 다이네 조어게　도움과 걱정해줘서 고마워.

Ich hoffe, es wird bald besser.
이히 호페, 에스 비어트 발트 베써　곧 괜찮아지기를 바라.

- **Ist dir auch kalt?**
  이스트 디어 아우흐 칼트　너도 춥니?
- **Es ist mir zu warm.**
  에스 이스트 미어 쭈 밤　나는 너무 더워.
- **Mir ist übel.**
  미어 이스트 위벨　나는 속이 안 좋아(구역질 나).
- **Ich ziehe es mal in Erwägung, dass du mir heute vorgeschlagen hast.**
  이히 찌에 에스 말 인 에어배궁, 다스 두 미어 호이테 포어게슐라겐 하스트
  네가 나에게 오늘 제안했던 것을 한 번 고려해 볼게.
- **Die Ideen werde ich mal in Erwägung ziehen.**
  디 이데엔 베어데 이히 말 인 에어배궁 찌엔
  그 아이들을 한 번 고려해 보도록 하겠습니다.
- **Wir können es versuchen, jeden Tag über eine Stunde zu laufen.**
  비어 쾨넨 에스 페어주헨, 예덴 탁 위버 아이네 슈툰데 쭈 라우펜
  우리는 매일 한 시간 이상 뛰기를 시도해 볼 수 있을 것이다.
- **Ich versuche jeden Tag, genug zu schlafen.**
  이히 페어주헤 예덴 탁, 게눅 쭈 슐라펜
  나는 매일 충분히 자려고 노력하고 있다.

풀어보기

[01-02] 다음을 독일어로 작문해 보세요.

01

너는 나를 이해하려 노력할 수 있다.

➡ ______________________________

02

나는 덥지 않은데, 너에게는 덥니?

➡ ______________________________

03 다음 문장을 독일어로 알맞게 바꾼 것을 고르세요.

나는 너를 이해하려 노력한다.

1) Ich verstehe dich.

2) Ich versuche dich verstehen.

3) Ich versuche, dich zu verstehen.

4) Ich versuche, dich zu verstehe.

04 다음 문장 중 틀린 것을 고르세요.

1) Es ist mir warm.
2) Dir ist es langweilig.
3) Es ist mir auch langweilig.
4) Ist dir auch warm?

05 다음 빈칸에 알맞은 말을 고르세요.

Das _________ ich mal in Erwägung.

1) ziehen
2) ziehe
3) lege
4) denke

해설

01 Du kannst versuchen, mich zu verstehen.

02 Mir ist nicht warm, ist dir warm?

03 ③ Ich versuche, dich zu verstehen.

04 ② Dir ist es langweilig. -> 감정이나 상태를 나타낼 때 es가 맨 앞 자리가 아니면 생략합니다.

05 ② 주어가 ich이므로 ziehe가 정답입니다.

50 부퍼탈에서는 슈베베반을 꼭 타세요!

기본 학습

수동태

수동태는 일상에서도 자주 쓰입니다. 너무 어려워하지 마시고, 여기에서는 간단하게 현재와 과거만 다루도록 할게요.

수동태 현재 (~가 ~되다) : 주어 + werden + 다른 문장 성분 + p.p. (과거 분사)
수동태 과거 (~가 ~되었다) : 주어 + wurde + 다른 문장 성분 + p.p. (과거 분사)

	werden	wurde
ich	werde	wurde
du	wirst	wurdest
er/sie/es	wird	wurde
wir	werden	wurden
ihr	werdet	wurdet
sie/Sie	werden	wurden

- **Die Stadt wird viel besucht.** [디 슈타트 비어트 필 베주흐트] 그 도시는 많이 방문 된다.
- **Der Mann wurde angestellt.** [데어 만 부어데 안게슈텔트] 그 남자는 고용되었다.

미래시제

미래시제 : 주어 + werden + 다른 문장 성분 + 동사원형

독일어에서는 현재시제를 쓰고 "내일", "내년에" 등 미래를 나타내는 부사를 써서 미래를 나타낼 수도 있습니다. 하지만 정식적으로 미래를 나타내는 시제도 존재합니다. 미래시제와 수동태를 혼동하지 않도록 주의해 주세요!

- **Morgen werde ich einen Rock kaufen.** 내일 나는 하나의 치마를 살 것이다.
  [모어겐 베어데 이히 아이넨 록 카우펜]

gut zu 동사원형 : ~하기에 좋다, ~해서 좋다

zu는 영어의 to부정사 역할을 하기도 합니다. 형용사의 바로 옆에 zu부정사를 붙이면 "~하기에(~해서) 형용사 하다"라는 뜻이 돼요! 예시를 통해 몇 가지 연습해 보아요.

- **Oh, gut zu wissen!** [오, 굳 쭈 비센] 오, 알게 되어 좋군!
- **Die Flasche ist sehr praktisch zu tragen.** 이 물병은 들고 다니기에 매우 실용적이에요.
  [디 플라셰 이스트 제어 프락티쉬 쭈 트라겐]

상황 연습

작지만 은근히 많은 관광객이 찾는 도시, Wuppertal을 아시나요? 저의 유학시절에도 방문한 적이 있는 도시인데 매우 매력적이고 재미있는 도시예요. 무엇이 이 도시를 이렇게 매력적으로 만드는지 함께 확인해 보시죠!

A **Hey, warst du schon einmal in Wuppertal?**
헤이, 바스트 두 숀 아인말 인 부퍼탈 안녕, 너는 부퍼탈에 이미 간 적 있어?

B **Nein, ich war noch nie dort. Wie ist die Stadt?**
나인, 이히 바 노흐 니 도어트. 비 이스트 디 슈타트
아니, 난 아직 가본 적이 없어. 그 도시는 어때?

A **Wuppertal ist interessant.**
부퍼탈 이스트 인터레산트 부퍼탈은 흥미로워.

Die Schwebebahn ist dort sehr bekannt.
디 슈베베반 이스트 도어트 제어 베칸트 거기 유명한 슈베베반이 있어.

B **Schwebebahn? Erzähl mir mehr darüber.**
슈베베반 에어챌 미어 메어 다뤼버 슈베베반? 좀 더 자세히 얘기해줘.

A **Sie wurde im Jahr 1901 eröffnet und ist eine der ältesten schienengebundenen Schwebebahnen der Welt.**
지 부어데 임 야 노인첸훈더트아인스 에어외프넽 운트 이스트 아이네 데어 앨테스텐 쉬넨게분데넨 슈베베반 데어 벨트
이 슈베베반은 1901년에 개통되었고 세계에서 가장 오래된 강철 케이블카 중 하나야.

Sie wird immer noch genutzt und zieht viele Touristen an.
지 비어트 임머 노흐 게누츠트 운트 치트 필레 투리스튼 안
아직도 사용 중이고 많은 관광객을 끌어들여.

B **Das klingt faszinierend.**
다스 클링트 파스치니렌트
흥미로워 보인다.

Wurde sie in den letzten Jahren renoviert?
부어데 지 인 덴 레츠텐 야렌 레노비어트
최근 몇 년 동안 수리되었어?

A **Ja, vor ein paar Jahren wurde die Schwebebahn umfassend renoviert und modernisiert.**
야, 포어 아인 파 야렌 부어데 이 슈베베반 움파센트 레노비어트 운트 모데아니지어트
응, 몇 년 전에 슈베베반은 완전히 수리되고 현대화되었어.

Die Wagen sind jetzt viel komfortabler.
디 바겐 진트 예츠트 필 콤포타블러
이제 그 차량들은 훨씬 더 편해졌어.

B **Das ist gut zu wissen.**
다스 이스트 궅 쭈 비센
좋은 정보네.

Gibt es noch andere interessante Dinge in Wuppertal?
깁트 에스 노흐 안더레 인터레산테 딩에 인 부퍼탈
부퍼탈에 또 다른 흥미로운 것들이 있을까?

A **Ja, das Von der Heydt-Museum in Wuppertal ist sehr bekannt.**
야, 다스 폰 데어 하이트 무제움 인 부퍼탈 이스트 제어 베칸트
응, 부퍼탈의 폰 데어 하이트 박물관은 아주 유명해.

Es wurde im Jahr 1902 eröffnet und beherbergt eine beeindruckende Kunstsammlung.
에스 부어데 임 야 노인첸훈더트츠바이 에어외프넽 운트 베헤어베악트 아이네 베아인드루켄데 쿤스트잠룽
이 박물관은 1902년에 개관되었고 인상적인 미술 소장품을 가지고 있어.

B **Das klingt nach einer kulturell reichen Stadt.**
다스 클링트 나흐 아이너 쿨투렐 라이헨 슈타트
문화적으로 풍부한 도시처럼 들려.

Wurde das Museum von vielen Künstlern besucht?
부어데 다스 무제움 폰 필렌 퀸스틀런 베주흐트
많은 예술가들이 그 박물관을 방문하고 그들의 작품을 전시했어?

A **Ja, viele berühmte Künstler haben das Museum besucht und ihre Werke dort ausgestellt.**
야, 필레 베륌테 퀸스틀러 하벤 다스 무제움 베주흐트 운트 이어레 베어케 도어트 아우스게슈텔트
응, 많은 유명한 화가들이 박물관을 방문하고 그곳에서 작품을 전시했어.

B **Das Museum und die Schwebebahn klingen großartig.**
다스 무제움 운트 디 슈베베반 클링엔 그로스아티히 박물관과 슈베베반 모두 멋져 보여.

Ich sollte Wuppertal bei meiner nächsten Reise besuchen.
이히 졸테 부퍼탈 바이 마이너 내히스텐 라이제 베주흔 다음 여행 때 부퍼탈을 방문해야겠어.

A **Das solltest du auf jeden Fall tun.**
다스 졸테스트 두 아우프 예덴 팔 툰 그럼 꼭 가봐.

Du wirst eine interessante Zeit dort haben.
두 비어스트 아이네 인터레산테 차이트 도어트 하벤 너는 거기서 흥미로운 시간을 보낼 거야.

- **Die Tür wird geöffnet.**
디 튀어 비어트 게외프넫 그 문은 열린다.
- **Im Sommer wird die Stadt von vielen Touristen besucht.**
임 좀머 비어트 디 슈타트 폰 필렌 투리스텐 베주흐트
여름에 그 도시는 많은 관광객들에 의해 방문된다.
- **Viele Werke wurden im Museum ausgestellt.**
필레 베아케 부어덴 임 무제움 아우스게슈텔트 많은 작품들이 박물관에 전시되었다.
- **Die Wohnung wurde nicht gemietet.**
디 보눙 부어데 니히트 게미텥 그 집은 대여되지 않았다.
- **Die Rechnung wird noch nicht bezahlt.**
디 레히눙 비어트 노흐 니히트 베찰트 그 계산서는 아직 지불되지 않는다.
- **Er wird nächstes Jahr nach Dresden fahren.**
에어 비어트 내히스테스 야 나흐 드레스덴 파렌 그는 내년에 드레스덴으로 갈 것이다.
- **Ich werde in 2 Jahren einen neuen Job finden.**
이히 베아데 인 츠바이 야렌 아이넨 노이엔 좁 핀덴 나는 2년 후에 하나의 새로운 일을 찾을 것이다.
- **Die Übungen sind einfach zu lösen.**
디 위붕엔 진트 아인파흐 쭈 뢰젠 이 연습문제들은 풀기 쉽다.
- **Das ist schwer zu denken.**
다스 이스트 슈베어 쭈 뎅켄 그것은 생각하기 어렵다.

풀어보기

[01-03] 다음 문장을 수동태로 알맞게 바꾼 것을 고르세요.

01 Man kocht die Suppe.

1) Die Suppe wird gekocht.
2) Die Suppe wird kochen.
3) Die Suppe wird kocht.
4) Die Suppe wird gekocht werden.

02 Morgen schreibe ich die Prüfung.

1) Morgen wird die Prüfung geschrieben.
2) Morgen wird die Prüfung schreiben.
3) Morgen werde die Prüfung geschrieben.
4) Morgen werde die Prüfung schreiben.

03 Die Lehrerin unterrichtet die Schüler im Klassenzimmer.

1) Im Klassenzimmer unterrichtet die Schüler von der Lehrerin.
2) Die Schüler werden von der Lehrerin im Klassenzimmer unterrichtet.
3) Die Schüler im Klassenzimmer wird von der Lehrerin unterrichtet.
4) Im Klassenzimmer wird die Schüler von der Lehrerin unterrichtet.

[04-05] 다음 질문에 대해 가장 알맞은 것을 고르세요.

04 다음 빈칸에 알맞은 말을 고르세요.

__________ du morgen Auto fahren?

1) Werdest
2) Wirst
3) Wird
4) Werde

05 다음 문장을 독일어로 알맞게 바꾼 것을 고르세요.

독일어는 배우기 쉽다.

1) Deutsch ist einfach zu lernen.
2) Deutsch ist schwer zu lernen.
3) Deutsch ist einfach zu schreiben.
4) Deutsch ist schwer zu finden.

해설

01 ① Die Suppe wird gekocht.
02 ① Morgen wird die Prüfung geschrieben.
03 ② Die Schüler werden von der Lehrerin im Klassenzimmer unterrichtet.
04 ② 주어가 du이므로 Wirst가 정답입니다.
05 ① Deutsch ist einfach zu lernen.

내 인생 첫 번째 독일어

내첫독

50패턴 독일어회화